U0611650

国家行政学院 **通用** 教材

文化管理
概论

祁述裕　主编

国家行政学院出版社

图书在版编目（CIP）数据

文化管理概论/祁述裕主编. —北京：国家行政学院出版社，2012.
ISBN 978-7-5150-0324-5

Ⅰ.①文…　Ⅱ.①祁…　Ⅲ.①文化管理—概论—高等学校—教材
Ⅳ. ①GO

中国版本图书馆 CIP 数据核字（2012）第 090735 号

书　　　名	文化管理概论	
作　　　者	祁述裕　主编	
责任编辑	阴松生　　陈　科	
出版发行	国家行政学院出版社	
	（北京市海淀区长春桥路 6 号　　100089）	
	（010）68920640　68929037	
	http://cbs.nsa.gov.cn	
编辑部	（010）68928789	
经　　　销	新华书店	
印　　　刷	北京金秋豪印刷有限责任公司印刷	
版　　　次	2013 年 3 月北京第 1 版	
印　　　次	2013 年 3 月北京第 1 次印刷	
开　　　本	787 毫米×1092 毫米　16 开	
印　　　张	17.25	
字　　　数	187 千字	
书　　　号	ISBN 978-7-5150-0324-5	
定　　　价	45.00 元	

本书如有印装质量问题，可随时调换。联系电话：（010）68929022

国家行政学院教材编审委员会

主 任 委 员：李建华

副主任委员：何家成　洪　毅　周文彰　杨文明
　　　　　　杨克勤

委　　　员（以姓氏笔画为序）：

乔仁毅　刘　峰　许耀桐　张占斌

邵文海　陆林祥　陈　岩　陈炎兵

范　文　胡建淼　秦世才　郭晓来

龚维斌　慕海平　薄贵利

编写说明

　　为实现在本世纪头二十年全面建成小康社会、到本世纪中叶基本实现社会主义现代化伟大目标，中国共产党作出继续大规模培训干部、大幅度提高干部素质的重大决策。行政学院是干部教育培训的主渠道、主阵地，贯彻落实党中央、国务院一系列文件要求，创新培训理念体现需求特色，创新培训内容体现学科特色，创新培训方式体现教学特色，创新运行机制体现功能特色，着力提高学员素质和行政能力，在整个干部教育培训工作中发挥了不可替代的重要作用。

　　培训教材建设是干部教育培训的基础性工作，是提高教育培训质量和水平的重要保证。党中央印发的《2010—2020年干部教育培训改革纲要》和国务院颁布的《行政学院工作条例》、《国务院关于加强和改进新形势下国家行政学院工作的若干意见》，都明确要求制定干部教育培训教材开发规划，实施精品教材工程，形成有行政学院特色的教材体系。

　　国家行政学院党委高度重视教材建设，成立教材编审委员会，主要领导为主任、领导班子成员为副主任，各教学管理和教研部门负责同志为成员，下设办公室，定期研究、部署教材建设规划，审议教材编写大纲、书稿，有计划、有步骤地推进教材建设，逐步建立特色鲜明、针对性和实用性强的教材体系。

根据教学培训需要，国家行政学院组织有关力量，着力编写和完善通用教材、学位教育教材、专题教材、案例教材、电子音像教材以及港澳和涉外培训教材，使教材更加贴近建设学习型党组织的需要，更加贴近经济社会发展的需要，更加贴近公务员工作岗位的需要。新编培训教材在国家行政学院党委的领导和教材编审委员会的指导下，在各位编者辛勤写作、反复修改下，现已顺利出版。

本套教材具有以下特点：一是特色鲜明。行政学院区别于其他干部教育培训机构的最大特色是"行政"，本套教材努力彰显这一特色，内容体现了以提高公务员素质和行政能力为核心，以公仆意识、政府管理、依法行政为重点，以政府工作为主题，服务政府建设和政府工作。二是针对性强。教材主要面向国家公务员，按照"党和国家的事业需要什么就编写什么、干部履职尽责需要什么就编写什么"的要求谋篇布局，以帮助各级公务员提高素质和行政能力。三是实用性强。教材做到理论联系实际，既对学科基础理论、前沿理论作简要介绍，又对实践案例进行理论分析和提炼，有益于公务员改进工作、提高能力。

我们希望本套教材能够为学习型社会、学习型政党和学习型政府建设作出贡献，为广大公务员和各类领导人员学习新知识、增长新本领提供帮助。

欢迎大家提出宝贵意见。

国家行政学院教材编审委员会
2011 年 3 月

前 言

　　政府职能有经济职能、政治职能、文化职能、社会职能四大职能。其中,文化职能承担什么样的职责呢? 概括地说,当前和今后一段时期,政府文化职能是要以科学发展观为统领,把握社会主义先进文化前进方向,围绕实现全面建设小康社会目标和构建社会主义和谐社会的要求,弘扬以爱国主义为核心的民族精神和以改革创新为核心的时代精神,树立新的文化发展观,发展面向现代化、面向世界、面向未来的民族的、科学的、大众的社会主义文化,满足人民群众日益增长的精神文化需求,提高全民族的思想道德和科学文化素质,促进人的全面发展。

　　文化管理是政府履行文化职能的手段,也是途径。政府文化管理是以文化事业和文化产业管理为两大主要对象,通过法律、经济、行政等多种方式,努力实现政府文化管理的目标,体现政府为人民服务的基本宗旨。

　　"观乎天文,以察时变;观乎人文,以化成天下。"这是"文化"一词的来源,这段话反映了文化随着时代变化而不断变化的特点,也反映了文化传统、风俗习惯的差异。由此,管理文化的理念、体制、方式也会不同。

　　在现代社会,随着经济发展、科技进步、对外开放不断深入,人们的精神文化需求日益增长,新的文化门类层出不穷,文化现象日益繁复,政府文化管理的任务越来越繁重。如何建立科学的文化管理体系,如何使中国的文化管理适应时代要求、体现人民群众的愿望,是摆在各级政府面前的一个艰巨任务。

本教材《文化管理概论》旨在就上述问题进行探讨。

CONTENTS 目 录

第一章 政府公共文化服务与文化管理

【内容提要】本章共三节。第一节从公共文化需要出发,重点介绍政府公共文化服务的特点,政府提供公共文化服务的方式。第二节重点介绍政府文化管理职责和内容。政府文化管理的基本职责是提供公共文化服务,满足社会公共文化需要。文化管理重点包括七个方面内容。第三节介绍文化管理的体制机制,包括党领导文化管理的方式,政府管理文化机构设置和特点,各类文化组织。

【关键词】公共文化服务　文化管理　文化管理体制

第一节　政府公共文化服务

一、文化的内涵

"文化"一词最早出自中国古代《易经》。《易经》说"观乎人文,以化成天下"(《易·贲·象》)。这里的文化是"文治教化"之意,即要用人文进行教化,改变人的精神面貌。对文化内涵有多种界定。从政府角度,最常见的是四种划分方法。第一,"一分法"。这里的文化与文明是同义词,即把人类文明的一切成果都归结为文化。第二,"二分法"。把人类文明分为物质文明和精神文明两大类,文化是指人类精神文明的成果。第三,"三分法"。马克思著作中对文化的论述就是三分法,即把人类社会分为政治、经济、文化三大领域。第四,"四分法"。即把社会分为经济、政治、文化、社会四类。党的十七届六中全会通过的《中共中央关于深化文化体制改革、推动社会主义文化大发展大繁荣若干重大问题的决定》中所论述的文化,就是四位一体布局的文化。具体讲,包括了十一个门类的文化生产,即新闻、出版、版权、文艺、文博、文物、广播、电视、电影、社会科学研究、传播。本书所讲的文化是按照四分法理解的文化。

二、公共文化需要

社会公共需要是指社会成员在社会生产和生活中的共同需要。社会公共需要是除政府之外,其他社会团体和市场本身所无法提供的。公共文化需要是社会公共需要的重要组成部分。经济发展和人民生活水平不断提高,人们精神文化需求不断增长,要求政府提供新的公共文化服务以适应新的公共文化需要。如,满足公众的基本文化权益,促进文化认同、形成社会成员共同遵循的价值观,为文化经济发展提供政策、环境等服务,满足人的自尊、自由、自主等体现人的价值的公共文化需求等。

三、公共文化服务

(一)公共文化产品

社会公共文化需要要求政府提供公共文化服务。政府满足公共文化需要的基本方式是提供公共文化产品。

与一般物品一样,按照公共性的不同,即是否具有竞争性和是否具有排他性,文化产品可分为纯公共文化产品、准公共文化产品和私人文化产品三种。依据排他性和竞争性的有无,文化产品也可分为四类:第一类是纯公共物品,这类物品既有非排他性,又有非竞争性,如文化法律法规。第二类是具有排他性但没有竞争性的可收费物品。这类物品的特点是既能满足公共文化需要,也能满足个人文化需要。如有线电视。第三类是有竞争性但没有排他性,这类物品被称为公共资源,如公共图书馆、公共博物馆。第四类是既有排他性又有竞争性的纯私人物品,如图书。其中,第二类和第三类都是准公共产品。

公共文化产品有以下两个特点:

1. 不同文化产品的属性可以相互转换。公共文化产品的非排他性和非竞争性是动态变化的,纯公共文化产品与其他文化产品之间并没有天然的界限。就公共物品的非排他性而言,通讯技术的发展使一些公共文化产品衍生出可收费产品和服务,如电视台。在电视出现之初,频道是稀缺资源,为避免垄断,在西方国家,电视台大都由政府管制,电视节目也属于公共文化产品。随着现代技术进步,频道资源极大丰富。为了满足观众不同需求,出现了提供收费服务的私人电视台。电视服务由原来单一的公共文化产品,衍生出不同类型的文化产品。同样,在西方,报纸原来属于私人产品。但随着网络技术的发展,报纸的市场空间受到极大挤压。为应对竞争,出现了大量的免费报纸。报纸由原来的私人产品变成了公共资源,成为准公共文化产品。

2. 文化产品具有商品和社会双重属性。上述对文化产品的三种或四类划分,是从一般意义上而言。文化产品有其特殊性。其特殊性表现在文化产品有商品和社会双重属性。

（1）文化产品具有商品属性。在市场经济条件下,绝大多数文化产品与一般物品一样,都是以商品的形式流通。商品经济规律适应绝大多数文化产品的价值实现过程,其具体体现就是经济效益。一般来说,越是具有市场效应的文化产品,其价值实现的程度越高。对绝大多数文化产品而言,市场效应是衡量其价值实现的主要尺度。

（2）文化产品具有社会属性。与满足物质需求的物品不同,文化产品的价值是满足人们的精神需求。文化产品的这种特点,使其具有精神的相互影响功能和文化的传承功能。这些功能使文化产品具有一般物品所不具备的社会效益。

（3）在现实生活中,文化产品的商品属性和社会属性表现为复杂的关系。一般说,在市场经济条件下,文化产品的经济效益和社会效益总体是一致的。但有时候,两者也出现相互矛盾的情况,就是经济效益好的文化产品,社会效益并不好;社会效益好的文化产品,往往经济效益并不是很好。

（二）政府提供公共文化服务的方式

1. 公共文化服务

政府公共文化服务是政府为满足公共文化需要,提供公共文化产品的劳务和服务行为的总称。具体分为以下几种:

（1）提供基本公共文化产品。如建立和完善相关的文化法律法规,保障公民的文化权利等。

（2）提供准公共产品。如国有公益性文化事业机构,如电视台、图书馆、博物馆、文化站、公园等。

（3）提供管制性的公共文化服务。对生产文化产品的私人机构,包括企业、社会组织等,进行监督。包括保护知识产权,要求企业、社会组织等生产符合最低要求的文化产品,生产过程符合安全标准等。

2. 政府提供公共文化服务有多种方式

提供公共文化服务是政府的基本职责。但这并不意味着公共文化服务只能由政府独家提供。社会对公共文化服务需求的不断增长,与政府公共文化服务能力始终存在着难以协调的矛盾。如果只能由政府包打天下,势必造成投资渠道单一,导致公共文化产品供给不足。因此,应改变计划经济时期政府独家提供公共文化服务的方式,多渠道提供公共文化产品。

公共文化产品提供的主体包括公共部门、非政府组织、私人部门。公共部门包括政府行政机关、国有企业、公共基金、国营投资公司等。非政府组织包括社会自治组织、民间志愿组织、各种协会、慈善机构、基金会等;私人部门主要指股份制企业或民营企业。政府要有效地提供公共文化服务,就要充分发挥非政府组织、私人部门的作用。

公共文化服务提供方式有以下几种:

(1)公共部门提供。目前在我国,公共部门是公共文化服务的主要提供者。

(2)由非政府组织和私人部门生产。提供公共文化产品是政府的基本责任,但这并不意味着公共文化产品都要政府去生产。在很多情况下,是由非政府组织和私人部门去生产公共文化产品,政府负责监督公共文化产品的效果和效益。还有一种方式是,政府通过购买服务的方式,将私人文化产品转化为公共文化产品。如目前实行的农村电影放映工程,就是政府通过购买电影产品,为农民提供免费的公共文化服务。

(3)各个部门、非政府组织、私人部门共同提供。一部分准公共文化产品可以采取公共部门、非政府组织、私人部门共同提供的方式。如目前对网络微博的监管，就是由政府部门、非政府组织和网络公司共同完成的。

第二节　政府文化管理职责和内容

一、政府文化管理职责

政府文化管理是指政府文化管理职能部门依据国家的方针、政策、法律、法规对国家有关文化行政系统和文化企事业单位的文化活动实行规划、组织、调控、引导和监督的一种行政行为。

政府文化管理的基本职责就是提供公共文化服务，以满足社会公共文化需要。公共服务职能是政府的核心职能，建设服务型政府是深化行政管理体制改革的基本目标。党的十七大报告提出，要深化行政管理体制改革，建设服务型政府。党的十七届二中全会提出，要通过深化行政管理体制改革，实现政府职能向创造良好发展环境、提供优质公共服务、维护社会公平正义的根本转变。政府职能有经济、政治、文化和社会四大职能。从文化职能来说，履行政府的公共文化服务职能，就要做到：第一，政府要确保公共文化服务的财政投入，并保证财政投入要用于公共文化服务。第二，政府提供公共文化服务的目的是保障社会公正，维护社会正义。要做到这一点，就要维护不同阶层的文化诉求，维护不同阶层的文化权利，特别是社会底层的文化权利。第三，政府是公共文化利益的代表。政府应当是文化市场的管理者和服务者。这就要求政府不能直接从事商业性的文化活动，不能扮演"文化经纪人"的角色，不能成为垄断文化资源和文化权力的部门利益集团。第四,政府权力是有限权力。政府只是社会治理主体之一,社会治理主体还包括非政府组织、企业等。政府在履行文化管理职能时,应该与其他社会治理主体平等协商,不能包打天下。第五,现代政府是法治政府。提供公共文化服务是政府的法定义务,政府必须通过合法的行政程序来履行其职能,政府履行职能的状况要接受社会监督。

文化管理由管理主体、管理对象、管理手段、管理理念四个要素构成。

(1)管理主体。管理主体是指管理行为实施的主体,是制定制度和执行制度的主体。我国文化管理主体是由从中央到地方的党政文化主管部门所构成的系统来承担的。其基本运行规则是下级服从上级,地方服从中央。

(2)管理对象。管理对象是指管理行为实施的客体和范围。管理对象既可以是组织、机构和自然人,也可以是资金、资产、事项。一个部门、一个机构可以同时具有管理主体和管理对象双重属性。比如,对地方文化主管部门、文化机构、文化组织来说,中央和国家文化主管部门、文化机构、文化组织是管理主体,地方文化主管部门、文化机构、文化组织是管理对象;对基层文化机构和文化组织来说,地方文化主管部门、文化机构、文化组织又是上级管理部门,是管理主体,而基层文化机构和文化组织是管理对象。

(3)管理手段。管理手段是指管理主体为实施管理所使用的管理工具。如政策、法律法规、奖惩办法、资源配置方式、机构设立和取消、人员安排等。

(4)管理理念。管理理念是指文化管理所秉承的理论和思想观念。管理理念是管理的灵魂,体现在文化管理的各个方面和环节。

四个要素互相联系、互相依存,在实际运行过程中共同构成管理体制的完整系统。

二、文化管理的重点

文化管理内容繁多,涉及面广。从工作对象看,分为文学艺术管理、报刊图书出版管理、文物管理、广播电影电视管理、网络管理等;从管理范围看,分为农村文化管理、城市文化管理、社区文化管理等;从工作性质看,分为人事管理、经营管理、市场管理、安全管理等。从政府管理职责的角度,将文化管理的基本内容概括为七个方面:

(一)推进社会主义核心价值体系建设,繁荣文化产品生产

用社会主义核心价值体系引领社会,在全社会形成统一指导思想、共同理想信念、基本道德规范。

1. 坚持马克思主义指导地位,坚定中国特色社会主义共同理想。中国特色社会主义是当代中国发展进步的根本方向,集中体现了最广大人民的根本利益,弘扬以爱国主义为核心的民族精神和以改革创新为核心的时代精神,树立和践行社会主义荣辱观。

2. 贯彻为人民服务、为社会主义服务的方向和百花齐放、百家争鸣的方针,激发文化创作生产活力,提高文化产品质量。坚持发扬学术民主、艺术民主,提倡不同观点和学派充分讨论,提倡体裁、题材、形式、手段充分发展,推动观念、内容、风格、流派积极创新。

3. 繁荣发展哲学社会科学,加强和改进新闻舆论工作,推出更多优秀文艺作品。

4. 完善文化产品评价体系和激励机制。

 资料:

"百花齐放,百家争鸣"方针

"百花齐放"思想的提出是在1951年。1951年4月,毛泽东为中国戏曲研究院题词:"百花齐放,推陈出新。""百家争鸣"是毛泽东在1953年就中国历史问题的研究提出来的。当时,百家争鸣的口号还没有公开宣传。

1956年5月2日,毛泽东在最高国务会议第七次会上正式提出,实行"双百方针"。他说:现在春天来了嘛。一百种花都让它开放,不要让几种花开放,还有几种花不让它开放,这就叫百花齐放。又说:百家争鸣是诸子百家,春秋战国时代,两千年前那个时候,有许多学说,大家自由争论,现在我们也需要这个。他指出:在中华人民共和国宪法范围之内,各种学术思想,正确的,错误的,让他们去说,不去干涉他们。

1957年2月,毛泽东在最高国务会议第十一次(扩大)会议上的讲话中宣布:"百花齐放,百家争鸣"是党促进艺术发展和科学进步,促进社会主义文化繁荣的方针。这次讲话经整理补充后以《关于正确处理人民内部矛盾的问题》为题,于6月19日在《人民日报》公开发表。同年3月,毛泽东《在中国共产党宣传工作会议上的讲话》中再次强调,"百花齐放,百家争鸣"是党对科学文化工作基本性长期性的方针。①

---

① 孙萍主编:《文化管理学》(第二版),第63—65页,中国人民大学出版社2011年版。

（二）促进公益性文化事业

公益性文化事业是指国家或社会兴办的面向全体公民或社会某一部分人的非营利性的文化单位、场所以及所开展的文化活动。"十二五"时期,我国公益性文化事业主要工作有:

1. 保障公民基本文化权益。保障人民群众看电视、听广播、读书看报、进行公共文化鉴赏、参与公共文化活动等基本文化权益。加强文化馆、博物馆、图书馆、美术馆、科技馆、纪念馆、工人文化宫、青少年宫等公共文化服务设施和爱国主义教育示范基地建设。加强社区公共文化设施建设。采取政府采购、项目补贴、定向资助、贷款贴息、税收减免等政策措施鼓励各类文化企业参与公共文化服务。引导和鼓励社会力量通过兴办实体、资助项目、赞助活动、提供设施等形式参与公共文化服务。

2. 传承传统文化。包括对传统文化思想价值的挖掘和阐发、文化典籍整理和出版、国家重大文化和自然遗产地、重点文物保护单位、历史文化名城名镇名村保护建设、非物质文化遗产保护传承等。

3. 促进农村和西部公益性文化建设。重点加强县级文化馆和图书馆、乡镇综合文化站、村文化室建设,实施广播电视村村通、文化信息资源共享、农村电影放映、农家书屋等文化惠民工程。

4. 支持社会组织、机构、个人捐赠和兴办公益性文化事业,引导文化非营利机构提供公共文化产品和服务。

（三）推动文化产业发展

与公益性文化事业不同,文化产业是指通过为文化市场提供文化产品获得收益的文化单位、机构文化活动的集合体。在我国公众精神文化消费需求不断增长、加快转变经济发展方式背景下,文化产业发展的重要性越来越突出。"十二五"时期,我国文化管理所涉及的文化产业重点工作有:

1. 构建现代文化产业体系。加快发展文化产业,必须构建结构合理、门类齐全的现代文化产业体系。发展出版发行、影视制作、印刷、广告、演艺、娱乐、会展等传统文化产业,加快发展文化创意、数字出版、移动多媒体、动漫游戏等新兴文化产业。

2. 形成公有制为主体、多种所有制共同发展的文化产业格局。支持文化企业做强做大。引导社会资本以多种形式投资文化产业。扶持中小文化企业发展。

3. 推进文化科技创新。健全以企业为主体、市场为导向、产学研相结合的文化技术创新体系,支持产学研战略联盟和公共服务平台建设。

(四)完善文化市场

新中国文化事业、文化市场和文化产业三者在纵向上是一种先后关系,即先有文化事业,改革开放后出现了文化市场,文化市场发展到一定阶段,文化产业开始兴起。三者在横向现实状况中是并存的关系。文化产品和服务有生产、流通和消费三个基本环节,文化事业与现阶段文化产业是以生产为中心,文化市场的中心则是流通和消费。

1. 扩大和引导文化消费。鼓励创新商业模式,拓展大众文化消费市场,开发特色文化消费,扩大文化服务消费,提供个性化、分众化的文化产品和服务。探索为困难群众和农民工文化消费提供适当补贴。

2. 完善文化市场主体建设。培养和强化文化市场主体；拓宽融资渠道,推动技术市场建设,重点发展文化服务市场,建设现代流通体系。

3. 健全现代文化市场体系。促进文化产品和要素在全国范围内合理流动,统一开放竞争有序的现代文化市场。加快培育产权、版权、技术、信息等要素市场,加强行业组织建设,健全中介机构。鼓励文化企业跨地区、跨行业、跨所有制兼并重组。支持中小文化企业发展,推动文化产业与其他产业融合。

4. 加强文化市场的支撑体系建设。加强文化市场信用体系建设,完善文化行业协会,培育和开拓农村文化市场,构建新型文化市场监管体系。重点解决保护知识产权、"黄赌毒"、未成年人保护、文化场所消防安全等突出问题。

(五)创新文化管理体制

1. 深化国有文化单位改革。以建立现代企业制度为重点,推进经营性文化单位改革。推进一般国有文艺院团、非时政类报刊社、新闻网站转企改制、公司制股份制改造,完善法人治理结构,形成符合现代企业制度要求、体现文化企业特点的资产组织形式和经营管理模式。

2. 加快政府职能转变。强化政策调节、市场监管、社会管理、公共服务职能,推动政企分开、政事分开,理顺政府和文化企事业单位关系。完善管人管事管资产管导向相结合的国有文化资产管理体制。推动副省级以下城市完善综合文化行政责任主体。

3. 加快文化立法,提高文化建设法制化水平。综合运用法律、行政、经济、科技等手段提高管理效能。

（六）开展对外文化交流

完善支持文化产品和服务走出去政策措施，支持重点主流媒体在海外设立分支机构，培育一批具有国际竞争力的外向型文化企业和中介机构，完善译制、推介、咨询等方面扶持机制，开拓国际文化市场。加强海外中国文化中心和孔子学院建设，组织对外翻译优秀学术成果和文化精品。把政府交流和民间交流结合起来，发挥非公有制文化企业、文化非营利机构在对外文化交流中的作用，支持海外侨胞积极开展中外人文交流。

（七）人才建设

坚持尊重劳动、尊重知识、尊重人才、尊重创造，培养造就德才兼备、锐意创新、结构合理的文化人才队伍。

1. 造就高层次领军人物和高素质文化人才队伍。实施"四个一批"人才培养工程和文化名家工程。落实国家荣誉制度，设立国家级文化荣誉称号，表彰奖励成就卓著的文化工作者。

2. 加强基层文化人才队伍建设。完善机构编制、学习培训、待遇保障等方面的政策措施，吸引优秀文化人才服务基层。

3. 加强职业道德建设和作风建设。要引导广大文化工作者增强社会责任感，弘扬科学精神和职业道德。

 **案例一：**

"798"：北京文化新地标①

"长城、故宫、'798'……"，到北京来旅游的外国人，如今十

---

① 杜弋鹏：《"798"：北京文化新地标》，《光明日报》2010 年 9 月 5 日第 1 版，有删节。

有八九是这么排序的。一个不争的事实是,798艺术区正成为外国游客在北京旅行的主要目的地之一。

"从伦敦,到纽约,到巴黎,每一个关心艺术的人都在谈论'798'。"

现在的798艺术区实际是原先706、707、718、751、797、798等六个工厂的区域范围。

从2001年开始,来自北京周边和北京以外的艺术家开始集聚798厂,他们以艺术家独有的眼光发现了此地对艺术工作的独特优势。厂房稍作装修、修饰,一变而成为富有特色的艺术展示和创作空间。

资料显示,如今的798艺术区,每年接待游客150余万人次,外国人占了30%以上。欧盟委员会主席巴罗佐、法国总统萨科齐、德国前总理施罗德等国际政要均慕名拜访过"798"。

法国前总理德维尔潘参观798艺术区后感言:"一个没有开放和民主的国家,是不可能有798存在的。"

北京798艺术区正有效地扩大着中国的国际影响,承载起当代中国的主流价值观。许多外国人认为:能够把一个几近废弃的旧厂区改变成一个魅力强大的艺术集中地的地方,一定是善于创造奇迹的地方,一定有创造奇迹的最强大的动力存在。

英国当代艺术中心前任总监菲利浦·道德说,"从伦敦,到纽约,到巴黎,每一个关心艺术的人都在谈论'798'。它从一个五十多年前机器隆隆作响的工厂,转型为眼前融会当代艺术的文化产业聚集地。它的华丽转身无声地证实了中国与时俱进的发展理念。"

"艺术家聚集是中国文化领域的必然现象,只能顺势而为、规范引导。"

许多想学习想借鉴"798"经验的人问:"798"的创新动力是从哪里来的? 是谁创造的? 怎么创造的?

　　北京市朝阳区委书记陈刚说,多样化促进了中国当代艺术的发展。"现在人们认识到,艺术家聚集是中国经济社会发展进程中文化领域的必然现象,不能采取行政遏制的办法,只能顺势而为、规范引导。"

　　从 2006 年开始,朝阳区按照"保护一批、扶持一批、孵化一批、调整一批"的基本思路,分阶段调整园区结构,引进了比利时尤伦斯当代艺术中心、美国佩斯画廊和丹麦林冠画廊等 45 个来自 19 个国家和地区的重要艺术机构。并通过减免或降低租金、签订长期合同等多种方式吸引、留住符合园区发展定位的优秀艺术家和艺术机构,累计减免优秀艺术家和机构的租金 570 万元。

　　据朝阳区委常委、宣传部长谢莹介绍,朝阳区成立了"朝阳区 798 艺术区协调领导小组",代表区委、区政府统筹调度 798 艺术区的管理和发展工作。同时,成立了朝阳区 798 艺术区管理委员会,作为政府派出机构,负责 798 艺术区综合协调、监督管理、产业促进。此外,还成立了由园区内外著名艺术家、专家学者和机构代表等组成的"798 艺术区专家指导委员会",共同加强对入驻艺术区机构的服务管理。目前 798 艺术区管理体制、运行机制体现了政府引导、企业主导、艺术机构主体参与的发展模式,有力推动了 798 艺术区的发展壮大,从更高层面引导和规范,把 798 艺术区建成中国当代艺术发展试验区。

　　在 798 艺术区,中国的艺术家们已逐步探索建立了有中国特色的、能被西方公众所接受的新文化载体。

一些专家建议,"798"应该表现出比其他地方更大的开放性。要以"798"为平台,推动中国当代艺术"走出去"。

走出去,就需要有国际性的团队来管理运营,就应该在全球范围招募"798"运营团队,真正将"798"发展成中国国际文化交流中心。同时,建立中国当代艺术的推广基金,赞助一些符合我国主流价值观推广要求的当代艺术作品在"798"展览和出版。有关部门也可以"798"为基地,扶持一批独立策展人、民营美术馆和民营艺术杂志,与他们所进行的海外艺术活动项目合作,尽快建立起有世界影响的进行当代艺术展览的永久场馆。

朝阳区委、区政府表示,将吸纳专家的意见,从更高层面引导和规范园区当代艺术的发展,把798艺术区建设成为中国当代艺术发展试验区,争取一些"文化新政"在798艺术区先行、先试;同时,依托当前"798"在国内外的影响力,建立国家级的"中国当代艺术研究中心",对中国当代艺术文献、各类资料进行系统的收集整理,对中国当代艺术进行系统研究,建立中国自己的当代艺术评价标准和话语体系。

第三节　文化管理的体制机制

文化管理体制主要是指党和政府管理文化的职能、组织体系和方式,以及所确定的制度、准则和机制。改革开放以来,我国文化管理体制所遵循的基本原则是"党委领导、政府管理、行业自律、企事业单位依法运营"的文化管理体制。[1]

---

[1] 《中共中央、国务院关于深化文化体制改革的若干意见》(中发〔2005〕14号)和党的十七届六中全会通过的《中共中央关于深化文化体制改革、推动社会主义文化大发展大繁荣若干重大问题的决定》。

一、党委领导

(一)党领导文化

中国共产党对文化管理具有绝对的领导地位。党的文化管理组织是指无产阶级政党为保证社会主义文化的根本性质和发展方向而对整个文化领域所进行的宏观领导的组织体系。党内主管文化的最高领导机构是中共中央宣传部,中央以下各级党委均设有相应机构;在政府系统的各级文化管理部门和一些大型文化团体中,均设有党组,如文化部党组、文联党组;文化团体、文化企业单位均设有党总支或党支部等,形成党的多层次的严密的网络体系。

在我国,中国共产党是执政党,政府是其合法的执政机构系统和制度体现,具体的文化事务由政府去管,通过政府依法行政,建立起国家的公共文化管理制度。在思想文化领域,党的中心工作是抓主流意识形态的理论建设和理论创新,通过理论创新来带动文化创新,通过理论创新来主导制度创新,通过理论创新来提高执政能力和执政艺术。

(二)党的文化方针政策

中国共产党对文化的领导主要通过制定文化方针政策来实现。党的文化方针政策是党领导文化的根本纲领,也是文化行政管理部门制定具体的文化管理法规、实施文化管理的依据。党的文化政策包括三大类:

第一类是文化建设总的方针政策。文化建设总的方针政策有两条:一条是"为人民服务,为社会主义服务",简称为"二为"方向;一条是"百花齐放,百家争鸣",简称为"双百"方针。

这两条是我国当代文化政策体系中具有根本原则性的文化方针政策,是制定其他文化政策的依据。第二类是文化建设的基本方针。基本方针体现总方针的要求。基本方针一条是"弘扬主旋律,提倡多样化",一条是"古为今用,洋为中用,推陈出新"。第三类是各种具体政策。各种具体的方针都是从不同的角度和层面,为"二为"方向和"双百"方针的实施提供具体的保证。

(三)党委领导的特点

第一,党对文化的领导是一种宏观、间接的领导。党对文化的领导是政治原则、政治方向的领导。党要制定正确的文化方针、政策,保证文化沿着正确的方向发展;要按照德才兼备的标准向文化部门推荐干部人选,加强领导班子建设。党不能取代行政机关管理文化的职能,也不能包办群众文化团体的活动。第二,党的领导机关要充分尊重文化的特点和规律,对具体的作品和学术问题,要少干预、少介入。文化作品的优劣,应该由广大读者、观众和文化界自己去评判,并要经受历史的检验。党如何转变管理文化的方式,是需要解决的一个重大问题。

二、政府管理文化

(一)政府文化行政组织机构

政府文化行政组织主要是通过法律、行政、经济等多种手段,对文化进行指导、规划、协调、服务、监督和管理。在国务院的机构中,文化行政组织包括文化部、国家广播电影电视总局、新闻出版总署(国家版权局)以及由文化部管理的国家文物局。目前在省、直辖市、自治区承担文化行政管理工作的行政组织一般相应为各省文化厅(文物局)、新闻出版局(版权局)和广播电视局。也有的省、直辖市,省级文化行政部门实行了合并,如上海成立了上海市文化广播影视管理局,负责对全市文化广播影视事业实行行业管理。副省级以下城市政府文化行政组织目前已基本完成文化、广播电影电视、新闻出版系统的合并,实现了统一管理。

(二)我国中央文化行政组织机构设置

1. 文化部系统的文化行政管理机构。中央政府主管文化的部门是中华人民共和国文化部。主要管理艺术表演团体、美术馆、博物馆、对外文化交流等。

2. 新闻出版系统的文化行政管理机构。我国新闻出版业包括新闻和出版两大部分,国家新闻出版总署(国家版权局)是中国新闻出版业的最高行政管理部门,于 2000 年设立,是由国家新闻出版署更名。

3. 国家广播电影电视总局设立于 1998 年,是由广播电影电视部改组而成,为中央政府主管广播电影电视的直属机构。

(三)政府文化管理的问题

改革开放以来,我国政府文化管理职能多次进行调整,取得了很大成绩,但仍然存在计划经济遗留的问题,包括:

第一,组织结构不合理。中央和绝大多数省、自治区及直辖市行政管理机构分工过细、条块分割、政出多门、职责不清的现象严重,政府调节的杠杆机制未充分发挥其作用,造成政府人力、物力、财力的严重浪费。以音像业管理为例。音像业进口产品的内容审查、发行和市场管理、出版和复制分属文化、广电、新闻出版三个政府行政部门或直属机构管理。管理职能分散、行政效率低下问题突出。

第二,宏观调控措施不到位。统包统揽、管办不分的情况仍然存在,使文化行政部门陷于办文化的具体事务之中,既削弱了宏观管理和行业管理的职能,又影响了社会办文化的积极性和创造性的发挥。

第三,行政管理手段不规范。重行政手段管理,轻法律手段、经济手段管理,以内部文件形式为主规制和管理文化行业行为的做法仍盛行,文化行政管理中仍设置较多的行政许可和前置审批,文化市场主体参与文化经营活动的难度较大、成本较高。

(四)转变政府文化管理职能

文化管理部门要由主要是办文化向管文化转变,由主要是微观管理向宏观管理转变,由主要是直接管理向间接管理转变。

第一,政府管理部门要放权。要下放国有文化资产的使用权,按照所有权和经营权分离的原则,通过委托、承包、租赁、转让等多种形式,将目前文化单位所使用的文化资产权交给文化单位法人经营管理;要下放干部人事自主权,公益性文化事业单位在授权基数内相对自主,文化企业按现代企业制度执行;要下放收益分配自主权,公益性单位改革现行工资制度,文化企业按照现代企业制度执行;要下放文化发展的经营管理权,政府不再直接下达指令性文化产品生产计划,不无偿调用文化企业的人、财、物和文化产品,建立文化产品政府采购制度。

第二,政府管理部门行为要规范。政府管理文化的职能要通过法律得到明确和恰当的界定。政府管理部门要有民主和透明的决策程序。政府管理部门的权力要受到法律法规的有效约束,对政府管理文化的内容、方式、权限等作出符合市场经济和精神文明要求的尽可能详细的规定。

第三,政府管理部门职能要转变。要深化行政审批制度改革,切实把政府职能转到主要为文化事业与文化产业主体服务和创造良好的发展环境上来,不直接干预微观文化活动和企业运转。要把管理重心放在社会管理和市场监管上,形成行为规范、运转协调、公正透明、廉洁高效的文化行政管理体制。

三、文化组织

文化组织是由党的机构、政府机构和各类社会机构、单位等共同组成的链条。社会机构、单位等包括文化产业组织、文化事业组织两大类型。

(一)文化产业组织

文化产业组织是指通过市场行为,为公众提供文化、娱乐产品与服务的组织,主要包括各类文化企业、文化中介机构、文化行业协会等。

1. 文化企业

文化企业是文化产业的主体。我国的文化企业包括国有或国有控股文化企业和非公有制文化企业。文化企业包括影视、出版、演艺、设计、创意、网络、咨询、培训等众多文化行业。文化企业与一般制造业有很大不同。其一,不同文化行业,文化企业的特点不同。如影视业、出版业等能形成规模生产的行业,会出现一些大企业;演艺业、设计业则往往是由一些中小企业构成。其二,同一个文化行业,也会有不同类型的企业。即使是在能够形成规模生产的文化行业,如出版业、影视业,除了一些大的文化企业,也会有众多中小企业。如美国好莱坞就是由七大影视公司和近万家各类中小文化企业共同组成的影视业基地。因此,对政府来说,不但要重视并鼓励文化企业做强做大,还要重视扶持中小文化企业。

2. 中介机构

文化中介机构指的是文化经纪企业。文化中介机构是指在文化市场中,为交易的双方提供信息、促成交易而收取佣金等报酬的文化服务机构。涉及文化信息、文化产品、文化人才、文化生产传播的资料、设备和技术等文化市场要素,从事文化活动的策划、代理、咨询、出租等经纪活动,由自然人、法人在取得必要的文化经纪资格证书后、在工商行政管理部门注册登记并领取文化中介机构的营业执照而成为文化市场的经营性主体,其形态包括文化个人独资企业、文化经纪人事务所与文化经纪公司。

文化中介机构是文化经济发展到一定阶段的产物,具有重要的市场功能。文化中介机构能够扩大文化信息传播渠道,加速文化商品流通;促进文化资源合理配置,拓展文化再生产规模;引导文化经济消费,培育文化消费群体;开发文化专业市场,建构文化产业格局;推动文化体制的转换,健全社会主义文化市场体制。

3. 行业组织

我国行业协会产生于20世纪70年代末。国家实行改革开放政策以后,行业协会伴随着政府机构改革和社会主义市场经济体制建设的步伐而不断壮大。目前,全国各类行业协会有4万多家,约占我国民间组织总量的三分之一。行业协会已经成为当前我国发展最迅速、门类最齐全、作用日渐明显的民间组织。文化行业协会的作用与政府管理的职能不同，它以维护行业权益为目标，履行行业代表、行业服务、行业协调、行业自律四方面职能。经过多年的孕育和发展，我国出现了一些有一定影响力的文化行业协会。如 2004 年成立的上海市文化娱乐行业协会，该协会对促进上海文化娱乐业的健康发展起到了很好的促进作用。又如中华文化促进会、节庆中华协作体对推动中国节庆业发展也起到了很好的促进作用。但总体来说，目前我国文化行业协会尚处于起步阶段。

 案例二：

政府机构、行业协会双轮助推动画业发展
——加拿大 BC 省动画业发展的启示①

加拿大不列颠哥伦比亚省（British Columbia 简称 BC 省）位于加拿大西部，是北美通向亚太地区的重要门户。BC 省的温哥华市风景优美、气候宜人，一直是北美三大影视制作中心之一（另两个中心分别是纽约和洛杉矶）。除传统的影视拍摄及后期制作外，BC 省近年来也致力于发展动画及相关产业，目前已成为北美动画产业的中心。

该省拥有 12 所电脑动画学校、60 多家动画制作公司。世界上最大的互动娱乐软件公司"电子艺术"（Electronic Arts）最大的制作工厂就坐落在 BC 省大温哥华地区的本拿比市（Burnaby），雇有 500 多个工作人员。

---

① 中宣部文化体制改革和发展办公室、文化部对外文化联络局编：《国际文化发展报告》，商务印书馆 2005 年版。（编辑整理）

BC省动画产业起始于20世纪80年代,开始只是为美国公司提供初期的艺术作品、设计图样、故事模板、动画、配音(乐)及声音合成等服务,大部分合同来自美国公司。但从90年代后期开始,BC省动画产业开始制作越来越多的原创作品,并同美国及欧洲公司共同拥有作品版权。

加拿大BC省动画产业的快速发展与其充分利用发展动画产业的各种优势密切相关。温哥华邻近北美电影中心洛杉矶和北美娱乐软件枢纽加利福尼亚州,还与美国华盛顿州相邻(该州集聚了许多重要的新媒体和网络公司),是北美通向太平洋沿岸国家(地区)的重要通道。BC省高科技产业发达,电脑行业人才储备充沛,制作动画/游戏的相关技术、设备完善,其他艺术人才众多。亚太经济近些年的持续增长,也给BC省动画和电子游戏市场提供了广阔的市场前景。然而,在上述过程中,如果没有政府机构所扮演的服务与协调角色,各种行业协会组织所发挥的职能,BC省的动画产业是不可能取得今天这样的成就的。

1. 政府的服务、协调角色及其鼓励政策

在加拿大,联邦政府和BC省政府采取的是"一臂之距"的政策,分别从不同渠道提供资金,并设立专门非官方、独立核算的民间服务机构,支持动画产业发展。例如,联邦政府设置的加拿大影视基金会、国家电影局等机构。而BC省政府采取了文化艺术和商业市场严格分开的鼓励政策。一方面,对于商业动画产业发展,BC省规定其除享有BC省电影业的各项优惠政策外,还通过半官方机构如BC省电影协会、BC省电影署等,在创意启动、资金筹措、制作加工、人才、市场、税率优惠等方面为其提供周到的信息服务和资金支持。另一方面,对文化艺术领域(非商业)的动画制作,BC省政府则采取资金申请和核准的办法,通过BC省艺术委员会和加拿大艺术委员会、国家电影董事会大力提供资金协助,支持动画艺术家的艺术探索和对外交流,不仅促进了BC省动画艺术的创新,而且间接为动画产业的持续发展注入了活力。

政府机构还积极开辟多种产业资金筹措及资助渠道。BC省主要动画产业的服务机构大多由政府或与企业联手出资设立。政府相关部门和出资的企业、机构代表组成董事会,对服务机构的各项职能和宗旨作出了详细规定。这些机构除具有上述的各项服务功能外,还提供专项动画资助计划,对动画创意、制作、市场推广等提供多方面的资金扶持。

例如,加拿大联邦政府遗产部下属的加拿大影视基金会中专门设立的加拿大新媒体基金,基金总数为1 400万加元。该基金既可独立也可与私人公司联合为动画制作提供前期资金支持。又如,1998年BC省通过BC省电影协会连同当地几大媒体公司共同出资成立了BC省新媒体协会,专门为动画产业特别是新的电脑动画、互动游戏动画等提供产业资讯、联络、市场推广、人才等方面的服务,为动画产业创新发展提供及时的服务和发展舞台。上述无论官方还是民间机构的各项资助计划均对外接受公开申请,所有动画业者和机构既可向联邦基金也可向省基金申请资助。另外,当地一些大的媒体和企业(如最大的Telus电话公司)为适应动画业的蓬勃发展,也设立了专项基金,积极扶持当地动画业的发展。当地的电视机构也通过预购播映权等方式,先期将资金投入动画的制作中,为动画业的发展提供了充分资金保障。

除此之外,进行行业调查和提供培训资金补贴也充分体现出 BC 省政府职能的有效延伸和扩展。2001 年,为摸清 BC 省动画行业的现状,BC 省政府出资,联合 BC 省动画商协会就 BC 省动画产业的现状、存在的问题、发展方向及专业分工等作了详细的普查,为正确制定行业发展政策、促进行业发展打下了基础。

BC 省动画公司每年均向从业人员提供某种程度的正式或非正式的职业培训,每家公司每年花费约 7000 至 25 万加元不等。省政府则通过中小企业培训委员会,向其提供一定数额的补偿资金,以鼓励企业增加动画从业人员的在职培训。

2. 行业协会的功能及作用

在 BC 省,目前涉及动画产业的行业组织有:BC 省动画协会,BC 省新媒体协会,作曲家、词作家及音乐发行人协会,动画配音者协会等。这些协会(组织)集中了当地及北美周边邻近地区在此领域的顶尖人才。新近成立的新媒体协会还吸纳了商界、教育机构、政府机构和电子商务、电子教育、网络开发、电子游戏、视觉特技、电脑应用软件、互动产品等各领域的机构和人士参加协会。

动画业是一门新兴产业,与新技术、新设备及新的管理运作和经营方式密切相关。因此,当地各专业协会定期邀请各界精英人士举办讲座,介绍世界上最新产业动态和新产品、新设施及新技术等,并通过午餐会、聚会等形式,密切动画业者和商界及其他相关领域的沟通。协会还通过专门网站定期提供世界各地产业资讯、合作项目等一揽子服务,以互联网为交流平台,向动画投资人及制作人推荐当地新创意和新作品,为动画业者和投资方架起了畅通的桥梁。例如,1994 年成立的 BC 省动画制造商协会是整合该行业的民间非营利性机构,其宗旨是为 BC 省动画产业的持续发展建立坚实的基础,是加拿大最大的动画专业协会之一。该协会积极对外推广 BC 省的动画产业,在政府、各企业和动画从业者之间发挥了重要的桥梁作用,主要有:

(1)向 BC 省政府提出激励行业发展、保持竞争优势的各项建议。如为加速人才培养,与省政府工业培训及学徒委员会合作,探讨启动动画学员在各企业的实习、培训计划;倡议在 BC 省的高中设立动画制作课程;为鼓励动画产业在 BC 省的发展,保持本地动画产业优势,要求省政府进一步提供税率优惠政策等。

(2)协调各企业和相关从业人员,确立并制定动画产业从业人员的行业规范、人员工作分工、职责、从业要求及标准,使 BC 省动画产业发展更为规范。

(3)联络各动画学校和动画生产商,针对动画领域对人才的需求变化,提出动画课程设置的改良建议。

(4)设立专门综合网站,在动画从业人员、相关企业、学校之间建立交流信息的平台。

从 BC 省动画产业的发展进程中,我们可以得出一个重要启示,就是政府部门机构设置健全合理,行业协会功能齐全,两者为当地动画产业的兴盛发挥了不可替代的作用。

(二)文化事业组织

在我国,"事业单位"是一个特指概念。1998 年,国务院发布的《事业单位登记管理暂行条例》,从法律上将事业单位定义为"国家为了社会公益目的,由国家机关举办或者其他组织利用国有资产举办的,从事教育、科技、卫生等活动的社会服务组织"。我国事业单位种类繁杂,规模庞大。据不完全统计,目前全国有 130 多万个事业单位,从业人员 3 000 万人,占公共部门就业人数约三分之一,国家用于事业单位的财务支出占财政支出 30% 以上。改革开放以后,国家为改革事业单位经费来源的渠道,将事业单位划分为财政全额拨款单位、财政差额拨款单位和自收自支单位三类,实行区别管理。事业单位在推动经济社会发展中发挥了重大作用,但政事不分、事企不分、效率不高、资源浪费、管理无序等问题也十分突出,急待改革。

我国现有国有文化事业单位约 30 万个,从业人员约 168 万人。改革开放以后,国有文化事业单位就一直在探索改革。2002 年党的十六大召开以后,文化事业单位开始了改革开放以来动作最大的改革。此次改革的一个基本原则是"两分开",就是把现有国有文化事业单位按照其功能分为两类,一类是公益性文化事业单位,一类是经营性文化企业。除少量保留为公益性文化事业单位之外,绝大多数国有文化事业单位都要改制成自负盈亏的文化企业。以出版社为例,全国共有 581 家出版社,确定为公益性文化事业单位的只有四家①,其他都要转企改制,走向市场,自负盈亏。此次改革的另一个基本原则是"四分开",就是政企分开、政事分开、政资分开、管办分开。

从 2003 年文化体制改革启动到 2011 年 6 月份,全国 3 000 多家新华书店已经全部改制。全国 581 家出版社除按规定保留为事业单位的之外,其余基本都转为企业。国有演艺团体转企改制约 30%。截止到 2011 年 6 月份,全国核销事业单位 17.2 万多家,中央核销事业单位总共 4 300 多家。按照计划,全国非

---

① 即人民出版社、民族出版社、盲文出版社、藏文出版社。

时政类报刊也要在 2012 年年底前完成转制任务。

公益性文化事业是指由国家或社会兴办的面向全体公民或社会某一部分人的非营利性的文化事业单位及其场所和所开展的各项活动。政府在文化事业发展中具有主导作用,是文化事业的主要投入主体。政府要把握文化事业发展方向、制定方针政策、调控建设规模和布局、协调监督、指导服务基层文化工作者等。

四、群众文化组织

我国群众文化组织主要由三大体系构成。

第一类是由全国各级文联、作家协会等人民团体组成的网络体系。

中华全国文学艺术界联合会在党中央的直接领导下成立,设立中国作家协会、中国电影家协会、中国戏剧家协会、中国美术家协会、中国音乐家协会、中国曲艺家协会、中国舞蹈家协会、中国摄影家协会、中国书法家协会、中国民间文艺家协会、中国杂技艺术家协会、中国电视艺术家协会。各大协会的任务是组织开展各种活动,组织作家、艺术家进行学习和探讨;组织各类文化演出的观摩;举办各类学术研究会、座谈会;举办旨在培养文艺新人的讲座、讲习班;开展纪念文化名人的活动;鼓励、组织作家、艺术家深入工矿、农村、部队、边疆进行参观访问和调查研究,并提供必要的协助;举办文艺评奖活动。

文联虽然是社会团体和群众组织,但具有半国家机构的性质。

第二类是基层文化馆、群众艺术馆、文化站、科技馆以及工人文化宫、俱乐部、青少年宫等,由政府、群众团体、各部门设立。

第三类是村级组织或社区举办的文化组织,如村文化活动中心,以及群众自发组织的各类业余民间社团组织,如曲艺演出团队、书画社等。

思考题:

1. 我国文化管理包含哪些内容?

2. 在我国文化管理体制中,政府与企事业单位是什么关系?

3. 文化产业与文化事业应如何协调发展?

第二章 文化管理的实现途径

【内容提要】文化管理的途径主要是指政府通过什么样的方式达到文化管理的目标,其主要包括经济方法、行政方法和法律方法。本章重点探讨政府文化管理方法的方法和路径,探讨其规律和改进的途径。

【关键词】文化管理方法 经济方法 行政方法 法律方法

文化管理的途径主要是指政府通过什么样的方式达到文化管理的目标,其主要包括经济方法、行政方法和法律方法。

第一节 文化管理的经济方法

经济方法在推动文化发展中具有至关重要的作用。文化管理的经济方法旨在发挥经济调控对文化发展的扶持、引导和拉动作用,为公共文化服务建设及文化产业发展注入资金,吸引社会资本的流向,保障公共文化服务及文化产业的健康发展并且起到市场调节的作用,构建完善的文化产业投资的资本市场和投融资体制,培育规范的市场主体与市场环境,建立完善的文化产业发展的市场机制,促进文化发展。

一、文化管理的经济方法

经济扶持方式多种多样,现阶段扶持文化发展的方式有:项目补贴、贷款贴息、政府采购、奖励、税收优惠、贷款担保、股权投资、配套资助、陪同投入、后期赎金、创业投资引导基金等。

以下重点介绍项目补贴、贷款贴息、政府采购、奖励、风险补偿、税收等几种主要经济扶持方式。

(一)财政补贴

财政补贴是国家为了某种特定需要或目标,在一定时期内对特定企事业单位或居民的一种无偿补助。其实质是国家财政对国民收入的再分配,是政府宏观调控社会经济运行的一种重要手段。和其他的财政支出形式一样,都是以国家分配为主体,具有无偿性,但是财政补贴与其他经济杠杆相比具有鲜明的政治性、很强的灵活性和时效性。

政府对于一些具有外部效益的文化活动给予财政补贴,其目的是鼓励文化企业不仅追求文化活动的经济效益,同时也要重视社会效益,努力获得经济效益、社会效益双丰收。

国家对于文化产业发展重大项目,如文化创意产业核心技术研发项目等,公共文化建设如公共文化服务平台建设,博物馆、美术馆等项目给予财政补贴。为保障文化走出去,国家财政部专门研究制定支持文化出口政策,通过专项补贴支持文化出口,支持各类文化企业在境外参展、宣传推广、境外投标等市场开拓活动,支持我国文化产品在境外的翻译出版等项目。国家为保证金融支持文化产业发展,出台了相关的财政政策,主要以贷款贴息和专项补贴的形式支持文化发展。如《关于金融支持文化产业振兴和发展繁荣的指导意见》(银发〔2010〕94 号)提出,"中央和地方财政可通过文化产业发展专项资金等,对符合条件的文化企业,给予贷款贴息和保费补贴。支持设立文化产业投资基金,由财政注资引导,鼓励金融资本依法参与。""建立多层次的贷款风险分担和补偿机制。鼓励各类担保机构对文化产业提供融资担保,通过再担保、联合担保以及担保与保险相结合等方式多渠道分散风险。研究建立企业信用担保基金和区域性再担保机构,以参股、委托运作和提供风险补偿等方式支持担保机构的设立与发展,服务文化产业融资需求。探索设立文化企业贷款风险补偿基金,合理分散承贷银行的信贷风险。"

为推动文化产业协调发展,国家财政对不同文化行业给予有针对性的补贴。例如,为推动动漫行业的发展,国务院办公厅于 2006 年转发了财政部等部门《关于推动我国动漫产业发展若干意见》。《若干意见》要求,对于优秀动漫原创产品的创作生产、民族民间动漫素材库建设以及建设动漫公共技术服务体系等动漫产业链发展的关键环节,政府需给予财政补贴,设立发展专项资金,加大政府投入,推动其快速形成成熟的动漫产业链。为推进人才队伍建设,培育和引进高层次人才,许多地方政府都给予不同程度的财政补贴。以广东省为例:广东省把文化领域人才纳入省"珠江人才计划",面向国内外重点引进社科理论和文学艺术名家大师、文化创意和文化产业领军人物,提出要创新人才引进合作机制,鼓励文化行业以调动、岗位聘用、项目聘任、客座邀请、兼职、定期服务、项目合作等多种形式引进或使用高端人才及其团队。

（二）贷款贴息

贷款贴息是指对文化企业及项目单位从商业银行获得信贷资金后发生的利息进行的补贴。贷款贴息资金一般来源于各地文化产业发展专项资金。

贷款贴息是国家为鼓励文化企业发展的一种重要的财政支持形式。对于文化企业实施的项目，采取贷款贴息的方式鼓励企业或单位可以通过银行提供的信贷资金完成项目的技术研发改造、成果的转化和知识产权开发等。贴息资金根据项目承担企业提供的有效借款合同及项目执行期内的有效付息单据核定。对于文化出口，提升文化的境外影响和文化品牌建设的支持与宣传，相关的培训研讨、宣传参展、境外投标等，财政部予以贷款贴息，通过专项资金支持文化走出去。

各地方政府也出台了促进文化产业发展的财政政策。例如《北京市文化创意产业贷款贴息管理办法》（京文创办字［2008］5号）规定，北京市相关文化创意项目扶持办法以先付后贴的贷款贴息方式为主，即项目单位已经向贷款银行支付利息后，贷款贴息资金再予以贴息支持。贴息期限原则上不超过三年。

（三）政府采购

政府采购是指各级国家机关及实行预算管理的事业单位和社会团体采取竞争、择优、公正、公平的形式使用财政性资金，以购买、租赁、委托或雇佣等方法获取货物、工程和服务的行为。在文化领域里，政府通过直接购买文化产品和服务以刺激该产品的生产、扩大供给，同时购买的文化产品可以普及推广。

为保证公共服务平台建设及基层文化服务建设,政府将文化产品和相关文化服务纳入政府采购范围。例如文化产品下乡工程,各省市主要采取以送文化为主,引入项目招标等竞争机制,对一些农村公共文化产品、文化服务项目、文化活动,实行政府采购、项目补贴、定向资助等,通过竞争提高公共文化产品质量。目前,各省市均出台了相关政府采购政策,体现出对文化发展的扶持。如厦门市出台了《厦门市促进文化产业发展的若干政策》(厦府[2008]398 号),该政策第十条规定:"把文化产品和服务纳入政府采购范围。凡属本市预算管理的机关、事业单位和社会团体,在采购文化产品和服务时,鼓励采购我市自主创新的文化产品和文化服务。"

(四)奖励

对营业额突出的企业、进入园区的企业、优秀文化产品、获得认定的品牌和示范基地、出口项目以及在开展文化创意活动等方面做出突出贡献的个人实行奖励。

1. 税收奖励

为扶植文化企业发展,培育企业核心竞争力,对达到一定数额的大中型文化企业或企业集团、新办企业、域外文化企业、重点文化企业进行税收奖励。例如《深圳市文化产业发展专项资金管理暂行办法》(深府[2005]220 号)规定:对于政府重点扶持的、业绩突出、成长性良好的企业,从被认定之日起的五年内,企业申报前三年的税收指标平均年增长率达到或超过 15%的,则以上一年该企业实际缴纳和减免的全部税额为基数,按其新增额的 50% 给予奖励,原则上最高不超过 200 万元。

2. 示范基地奖励

国家对于优秀的文化产业基地,特别是被国家部委评定为文化产业示范基地的文化企业给予一次性奖励。如《厦门市促进文化产业发展的若干政策》(厦府[2008]398号)第七条规定,"鼓励申报国家级文化产业示范基地。对被国家部委评定为文化产业示范基地的文化企业,给予一次性奖励20万元。"

3. 品牌奖励

为打造文化创意品牌,许多地方政府通过财政的方式对于文化品牌的建设以奖励的形式进行扶持。出台相关政策支持文化企业、文化产品及服务参加国家级文化品牌的评比,对被授予国家级称号的给予相应奖励,对获得重要国际奖项和国家、省级评奖奖励的原创动漫影视作品,按所获奖励标准给予奖励。如《福建省动漫游戏产业发展规划(2010—2012年)》(闽政办[2010]208号)提出实施动漫游戏精品工程,对获得国际权威机构、国家行政主管部门奖励,以及中国名牌、省名牌和省优秀新产品称号的动漫游戏作品,省级资金给予奖励,被国家广电部门推荐的优秀国产动画片和拥有自主知识产权、经有关部门正式批准运营的原创游戏产品,省级资金予以扶持。

4. 创新奖励

政府对于创意企业和人才队伍的培育与建设设专项资金奖励,为鼓励原创文化产品的创作和发行,对于原创企业给予一次性奖励。例如,对原创动画作品,在中央电视台播出的及在国家级、省级和各市级出版发行的原创动画作品等,不少省级政府均出台了奖励办法。如《福建省动漫游戏产业发展规划(2010—2012年)》(闽政办[2010]208号)规定:"加大对原创动漫产品的播出奖励。各级媒体播出的我省原创动漫影视作品,原创动漫公司所在设区市财政可按不低于国内同类城市的奖励标准给予奖励;在国家级、省级媒体(福州、厦门视为省级)播出的原创动漫影视作品,在设区市奖励的基础上,省软件专项扶持资金按不低于设区市奖励标准的10%给予再奖励(经国家有关部门正式批准制作发行的原创电影动画,国外播出的动画片视为国家级)。"

5. 出口奖励

为推动文化走出去,国家和许多地方政府对文化产品出口给予了多种财政政策支持,以不同财政投入方式实现。对于文化走出去有特殊贡献的创意企业及人才,国家设立专项资金给与奖励。如《北京市文化创意产业发展专项资金管理办法实施细则》规定,对优秀文化出口项目、自主知识产权产品出口、列入《国家文化出口重点企业目录》《国家文化出口重点项目目录》的北京市文化企业和项目,给予奖励。

(五)风险补偿

通过提高保险在文化产业中的覆盖面和渗透度,有助于分散文化产业的项目运作风险。如《厦门市促进文化产业发展财政扶持政策实施细则》规定,商业银行为有效益、有还贷能力、能增加就业的文化自主创新产品或服务出口提供所需的流动资金贷款,参照《厦门市银行小企业贷款风险补偿金管理办法》予以风险补偿。

(六)税收优惠

税收是国家为满足社会公共需要,凭借公共权力,按照法律所规定的标准和程序,参与国民收入分配,强制地、无偿地取得财政收入的一种特定分配方式。文化的发展和繁荣离不开国家税收的促进和支持。国家为文化发展制定的税收优惠政策主要是减轻文化企业负担,促进文化企业快速发展。如为了推动文化事业单位转企改制,推进企业市场化运作,国家对出财政部门拨付事业经费的文化单位转制为企业,免征房产税、城镇土地使用税和车船税。

国家征税一方面可以取得财政收入,满足财政支出的需要;另一方面也可以将政府的意图体现在税收制度和政策中,实现税收的经济调节作用。

首先,从现行税种看,主要有所得课税、财产课税、流转课税和资源课税方面,即涉及增值税、营业税、企业所得税、个人所得税、房产税、城镇土地使用税和关税等七个税种,其中企业所得税是税收优惠力度最大的税种。其次,从税收优惠形式看,主要采取减免税、税率优惠、费用扣除、先征后退、期限优惠等形式。第三,从税收优惠内容看,现行优惠内容是普适性的,并非专门针对文化发展方面或者文化某个行业来制定实施的。

1. 增值税方面

主要运用增值税税率下降及出口退(免)税和免征进口环节增值税、先征后退、免税等政策手段,在生产、出口、销售等环节上,对经营性文化事业单位转制、重点文化生产企业、国务院批准成立的电影制片厂、电影集团及其成员企业等单位及组织进行扶持。例如《国务院办公厅关于印发文化体制改革中经营性文化事业单位转制为企业和支持文化企业发展两个规定的通知》(国办发[2008]114号)规定:"党报、党刊将其发行、印刷业务及相应的经营性资产剥离组建的文化企业,所取得的党报、党刊发行收入和印刷收入免征增值税。"

2. 企业所得税方面

企业所得税主要是以税收优惠和部分免征为主。国家对文化体制改革、文化具体行业中的文化企业等很多方面都通过税收优惠政策予以扶持。在文化体制改革方面,《关于文化体制改革试点中支持文化产业发展若干税收政策问题的通知》(财税〔2005〕2 号)规定:"对新办的文化企业,可以自工商登记日起,免征三年企业所得税"。"试点文化集团的核心企业对其成员企业 100%投资控股的"经国家税务总局批准后合并缴纳企业所得税。

对于具体文化行业中企业的支持方面,《关于推动我国动漫产业发展若干意见的通知》(国办发〔2006〕32 号)规定,新办动漫企业,经认定后,自开始获利年度起,第一年和第二年免征企业所得税,第三年至第五年减半征收企业所得税。

3. 个人所得税

国家在扶持文化发展中对于个人所得税主要以减免或免征的形式体现,如企事业单位、社会团体和个人等社会力量对非营利性公益组织或者文化宣传事业单位的公益性捐赠,以及个人被授予国家或国际组织的奖金等,在个人所得税方面予以优惠减免或免征。《财政部 国家税务总局关于中国金融教育发展基金会等 10 家单位公益救济性捐赠所得税前扣除问题的通知》(财税〔2006〕73 号)规定:对个人通过中国国际民间组织合作促进会、中华文学基金会、中国少年儿童文化艺术基金会用于公益救济性的捐赠,个人在申报应纳税所得额 30%以内的部分,准予在计算缴纳个人所得税税前扣除。

4. 营业税

营业税是对在我国境内提供应税劳务、转让无形资产或销售不动产的单位和个人,就其所取得的营业额征收的一种税。国家为鼓励公共文化事业发展和扶持文化企业,出台了相关政策免征营业税。如《中华人民共和国营业税暂行条例》规定:纪念馆、博物馆、文化馆、美术馆、展览馆、书画院、图书馆、文物保护单位举办文化活动的门票收入,宗教场所举办文化、宗教活动的门票收入免征营业税。

《财政部 海关总署 国家税务总局关于支持文化企业发展若干税收政策问题的通知》(财税[2009]31号)规定,从2009年1月1日至2013年12月31日,文化企业在境外演出从境外取得的收入免征营业税。

5. 关税

关税是指进出口商品在经过一国关境时,由政府设置的海关向进出口人所征收的税收。国家对于重点文化产品进口以及部分文化行业如动漫企业的开发生产用品给予免征进口关税的政策。如《关于2009—2011年鼓励科普事业发展的进口税收政策的通知》(财关税[2009]22号)明确:经国务院批准,自2009年1月1日至2011年12月31日,对公众开放的科技馆、自然博物馆、天文馆和气象台、地震台、高校和科研机构对外开放的科普基地,从境外购买自用科普影视作品播映权而进口的拷贝、工作带,免征进口关税。

为进一步推动我国动漫产业发展,经文化部会签,2011年5月19日,财政部、海关总署、国家税务总局下发《关于印发〈动漫企业进口动漫开发生产用品免征进口税收的暂行规定〉的通知》(财关税[2011]27号),对经文化部、财政部、国家税务总局认定的动漫企业进口动漫开发生产用品实施免征进口税收政策,免税税种包括进口关税及进口环节增值税,有效期为2011

年1月1日至2015年12月31日。

6. 房产税

房产税是以房屋为征税对象,按房屋的计税余值或租金收入为计税依据,向产权所有人征收的一种财产税。文化发展方面的房产税优惠政策主要针对文化体制改革的试点单位。对于转企改制的单位有免征房产税的优惠政策,如财政部、海关总署、国家税务总局联合发布《财政部 国家税务总局关于文化体制改革中经营性文化事业单位转制为企业的若干税收政策问题的通知》(财税[2009]34号),规定由财政部门拨付事业经费的文化单位转制为企业,自转制注册之日起对其自用房产免征房产税。

7. 土地使用税

土地使用税,是指在城市、县城、建制镇、工矿区范围内使用土地的单位和个人,以实际占用的土地面积为计税依据,依照规定由土地所在地的税务机关征收的一种税赋。国家对相关文化单位以及文化遗产等免收土地使用税。如《中华人民共和国城镇土地使用税暂行条例》规定:宗教寺庙、公园、名胜古迹自用的土地免缴土地使用税。

《关于文化体制改革试点中支持文化产业发展若干税收政策问题的通知》(财税[2005]2号)规定:因自然灾害等不可抗力或承担国家指定任务而造成亏损的文化单位,经批准,免征经营用土地和房产的城镇土地使用税和房产税。

二、我国文化管理经济方法存在的问题

随着当今世界知识经济的迅猛发展,文化和经济紧密地结合在一起,我国在对文化进行管理时所采用的经济方法还存在很多的不足之处。

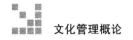

(一)投资主体单一,社会资本参与程度不高

文化的发展需要政府的政策扶持与经济投入,现在我国的文化投融资平台还不完善,渠道还不通畅,所以更需要国家的财政投入。要继续提高各级资金投入的总量,扩大投入单位及项目范围。

目前国家投入的资金还有限,不能完全满足文化的迅速发展。大力吸引社会资本投入,多渠道筹集资金,解决文化产业及公共文化事业发展的资金瓶颈,仍是需要解决的主要问题。例如,贷款难、融资难是制约动漫游戏企业发展的瓶颈之一,特别是在原创作品的制作初期阶段,需要政府财政资金的引导和创业资金的投入。

(二)财政扶持方式创新不足

国家对文化发展中的具体行业扶持力度不均,以动漫、会展、文化旅游业为主,缺乏对艺术设计以及艺术创意等行业的扶持政策,文化娱乐方面也主要以规范管理内容的政策为主,很少涉及具体的、有针对性的资金投入方式。例如,多年来实行的通过补贴文艺院团推进剧目创作生产的方式不能解决原创性演出产品匮乏的状况。

(三)财政投入体制机制不完善,效率不高

文化发展投入资金能否有效发挥作用很大程度上取决于是否创新支持文化发展的体制机制。我国目前投融资体制滞后于经济的发展。地方政府主导投资资金来源可能导致投资行为不规范,造成资金浪费。文化产业发展所依靠的文化企业与政府展

开不良博弈,降低了投入资金的效用。投入机制不完善会导致企业依赖政府,这样不但没发挥引导作用,反而产生了负面效果,致使部分资金的投入缺乏公正,干扰市场经济规律。

(四)财政扶持资金监管乏力,影响资金使用效益

现阶段,文化产业化发展还处在结构调整阶段,配套的资金投入体制机制还不健全,更缺乏对文化资金投入的评估检测、考核奖励等办法和机制,易于出现责任不明确、过程不透明以及操作不规范的问题。

三、我国文化管理经济方法未来的发展

文化的发展是当下备受重视的课题,从构建文化软实力、文化全球化的趋势来看,文化管理具有战略意义,同时文化的建设同样可以促进经济社会的协调发展,文化的稳步发展重要性日益凸显。

(一)明确政府支持文化发展的职能作用,同时拓宽融资渠道,扩大资金来源

文化产业需要在市场机制下运作同时带动文化的发展,国家培育文化发展的财政投入如设立的专项资金等区别于其他资金,政府的财政投入要以引导、扶持、推动、调控、服务等为目的,避免扭曲和干扰市场机制,要区分好作为与不作为的界限,将办文化调整为管文化,以引导和监管为主体,避免不正当竞争和企业对政府的依赖。要实现企业至行业、产业从输血到自主造血功能的转变。政府从投资建设和运营等全管文化到宏观规划和监管的转变同时,引导和扩大资金的投入效应,吸引

民间资本和商业借贷资金的参与,鼓励个体、企业和社会各阶层积极投资兴办文化,形成国资、民资、外资等各种资本类型共同投入发展文化,保障和提高资金的使用效益。

(二)突出财政重点扶持对象,积极创新投入方式和扶持手段

重点关注文化的原创力和成果转化,文化立国要求文化发展有战略性思考,这就要求发展我国先进文化,要求有中华民族之特色的品牌凝聚力和竞争力。国家财政投入应大力关注文化创新、原创力和研发有国际竞争力的文化专有技术。对此,国家应设立专项资金,或以政府采购、技术投资、信贷产品等方式积极鼓励企业原创力做大做强和加强人才队伍的建设,支持龙头企业和文化产业示范性基地等等。

对文化资源的重组和结构调整、发展方式的转变和文化基础性设施建设等领域给予财政投入,支持先导性、带动性的文化产业项目建设,扶植中小企业,鼓励企业上市,激发已经改制完成的企业的市场活力。

创新扶植手段和投入方式,一方面,继续明确现有支持方式,使投入量化;另一方面,借鉴、创新财政投入方式,设置各类基金,如文化产业投资引导基金、文化产业创业投资基金、文化产业风险投资基金。

(三)政府财政投入积极搭建公共服务平台

积极搭建各类公共服务平台,保障文化顺畅发展。如搭建投融资平台,整合资本市场资源,解决文化企业和文化资本市场的信息不对称等问题。为文化产业投融资搭建风险投资基金、创业投资基金等新平台。

搭建各类公共技术服务平台,构筑市场化的资源共享模式,降低技术研发成本等,如重点支持、建设和完善动漫游戏公共技术服务平台。

搭建知识产权交易平台,为各类交易提供定价、资本进出通道和其他专业化的服务。

搭建政府信息交流平台,充分发挥信息聚集地的优势,向文化企业发布政府相关政策、地区振兴规划、招商引资及各类交流活动等,形成政府和文化企业交流合作、共同促进文化的发展。

(四)完善和创新金融对文化发展的财政支持方式[①]

加大金融投资力度,提高文化发展的财政投入。完善现行方式同时创新文化产业金融的财政投入方式。完善项目补贴、贷款贴息和奖励等现行投入方式,探索利率弥补、各种风险补偿机制和与文化产业发展要求相适应的金融机构等新的投入方式。扩大文化产业金融的财政投入对象,调整投入结构。扶持投融资成功的文化企业,撬动文化产业内源性资金。扶持各类投资者和中介服务机构,如商业银行、保险公司、评估公司等,撬动文化产业外源性资金。在条件许可时,可考虑用财政投入建立专门的文化产业政策性金融机构,和商业性金融机构共同形成完整的文化产业金融服务体系。

(五)建立健全投入资金监管机制,提高财政管理水平

完善财政投入机制的同时,对政府财政投入进行社会和经

---

①　中国社会科学院文化研究中心:《文化产业金融政策研究》,《国家文化产业课题研究报告(2009 年度)》,云南大学出版社 2010 年版,第 383—384 页。

济双重效益的评估和监督,建立国有文化资产保值增值考核体系。不断增加财政投入的依据是能更好地适应文化的发展,向社会提供更好的精神文化产品,满足人民群众日益增长的文化需求。逐步建立和完善以市场和人民评价为主要指标的财政投入绩效评价机制。探索和创新基金管理模式,不断提高财政资金使用的透明度,最大限度地实现社会效益和经济效益的统一。建立财政扶持资金跟踪问效制度等,提高财政收益度,实现财政投入对文化发展的切实推动作用。

第二节　文化管理的行政方法

行政管理方法是实现文化管理职能的重要手段,是通过党和国家文化管理方针政策的实施、条例制度的颁布来维护国家和人民的根本利益,合理引导文化事业的发展方向、文化品牌的建立、文化市场的合理化配置以及文化消费的合理化发展,以满足人民日益增长的物质文化的需要,同时为社会主义现代化建设提供精神动力和智力支持的重要方法。文化管理的行政方法有助于文化、经济、社会的协调发展,使文化管理工作适应于经济建设,服务于经济建设,实现物质文明建设和精神文明建设的共同发展;有利于文化管理工作的规范化,是在宏观层面上对文化管理进行调控,使各个文化管理部门分工协作,良性运行,提高管理效率及其秩序化。

一、文化管理的行政方法

目前,我国文化管理主要的行政方法包括:制定发展规划、颁布条例政策、行政命令和制定制度规章。

(一)制定发展规划

制定文化发展规划是国家或政府依据文化的现状以及文化发展趋势,结合我国乃至世界未来经济社会的发展变化,制定出我国文化在一定时期内发展的具体目标和要求。也就是要运用现代的管理理论、管理技术、科学的思维方式等知识,对文化的基础建设、文化人才培养、文化发展方向等进行全面规划,提出近期或长远的发展目标,不断提高中国文化软实力。

随着我国市场经济体制的不断完善、人民群众生活水平的不断提高、文化体制改革的不断深入,制定出科学合理的文化发展规划来对文化发展进行有效管理显得日益重要。这样的行政管理方法可以在宏观环境下满足人民群众不断增长的多层次、多样化的文化需要,适应新形势发展的需要。

制定文化的发展规划要有明确的定位,要科学、理性地在文化发展过程中找准自身的目标定位,确立文化自身应有的地位,制定合理的发展规划,避免因定位不清带来的各种问题。不仅如此,在制定文化发展规划时也要坚持适度原则,要实事求是,不可盲目求全,要将阶段性目标和要求与功能定位相统一。既要立足于文化现有的状况、条件、实力,又要有前瞻性的思考,要以超前的眼光,确定经过努力可以达到的目标,切忌因循守旧、裹足不前。比如我国的《国家"十二五"时期文化改革发展规划纲要》重申了中共十七届六中全会提出的文化改革发展指导思想,将六中全会提出的战略目标、大政方针、政策措施进行了数量化、项目化和具体化,提出到 2015 年中国文化改革发展的十项主要目标,并进一步明确了完成这些目标的具体要求。为实现文化产业"逐步成长为国民经济支柱性产业"的目标,进一步明确"十二五"期间文化产业发展的重点,《纲要》提出要进一步加快发展文化创意、数字出版、移动多媒体、动漫游戏等新兴文化产业。在重点培育一批核心竞争力强的国有或国有控股大型文化企业或企业集团的基础上,在国家许可范围内,引导社会资本以多种形式投资文化产业,逐步形成公有制为主体、多种所有制共同发展的文化产业格局。为了鼓励企业做大做强,《纲要》提出,在市场主体培育方面,将以建立现代企业制度为重点,完善产业分工协作体系,鼓励有实力的文化企业跨地区、跨行业、跨所有制兼并重组。"十二五"期间,中国将进一步形成推动文化产业发展的政策扶持体系,从财政、税收、金融、用地等方面加大扶持力度。这些方面,既是该时期文化发展的切入点,也是文化管理的长期战略性的任务,必须以创新的精神来推进我国文化整体水平的提高。

(二)制定政策、条例

文化政策的制定是国家政权机关、政党组织以权威形式标准化地规定在一定的历史时期内,文化发展应该达到的奋斗目标、文化发展应该遵循的行为原则、文化发展应完成的明确任务、实行的工作方式、采取的一般步骤和具体措施。文化管理条例的制定则是国家权力机关或行政机关依照政策和法令制定并发布的,针对文化领域内的某些具体事项而作出的比较全面系统、具有长期执行效力的法规性公文。它是法的表现形式之一。

文化政策、条例的制定可以促进文化发展和社会全面进步,可以弥补市场失灵的缺陷,制定科学合理的文化政策,把国家文化产业政策和市场机制结合起来,通过政府的"有形之手",把市场失灵和缺陷所带来的产业效率损失减少到最小程度,有效配置文化资源,公平分配文化利益,可以提升文化产业发展水平,政策与体制创新已被普遍认为是推进文化产业发展的基本途径。文化政策条例的制定可以实现国家对文化有效监管和指导,是国际社会普遍化的政治行为,是否有与社会文化发展相适应的文化政策条例直接关系到一个国家文化的发展,以及物质文明建设和精神文明建设。文化政策可以改善人民的生活内容和生活品质。文化政策与人民群众的生活息息相关,尤其是现在文化发行传播的方式有了革命性的进步,人们日常看报纸、听广播、看电视、新闻的品质高低及言论的公正与否都与文化政策法规有关。可以说,文化政策条例影响着生活内容和生活品质。

比如:文化部出台的《文化市场综合行政执法管理办法》于2012年2月1日起正式施行。这是我国第一部专门针对文化市场综合行政执法工作进行管理和规范的部门规章,对贯彻党的十七届六中全会精神、深化文化体制改革、加强文化市场管理、维护文化市场秩序具有重要意义。该办法首次系统地对文化市场综合行政执法的定义,以及文化市场综合行政执法机构的职责和执法人员的条件、执法工作应遵守的程序、执法监督的内容和方式、应当追究责任的情形及责任追究形式作出了明确规定,共计五章四十四条。该办法以部门规章形式对综合执法机构的委托执法模式予以确认,解决了委托执法模式的合法性问题;明确了文化部在指导文化市场综合行政执法上的职责,厘清了指导综合执法工作与指导具体执法业务的区别。同时,该办法既是对近年来行政执法工作相关制度的总结和归纳,也是以部门规章的形式对现有制度进行巩固和提升,并针对文化市场综合行政执法实践中出现的突出问题,结合文化市场执法特点,细化了部分执法程序,完善了重要的执法制度。这些措施巩固了文化部以往行之有效的管理制度,强化了政策的可操作性和可实施性。这一政策的出台为我国一定时期内文化市场的管理指明了方向。

(三)行政命令

文化管理的行政命令方法是行政管理主体依靠组织的权力和权威,按照自上而下的行政隶属关系,通过下达指令、发布命令、作出规定、制定方针政策等强制性行政方法,直接对文化生产经营活动进行指挥和控制,使之按照预期顺利进行。

行政命令方法是实现文化管理职能的方法之一,应用行政命令方式可以使纵向的信息迅速地传递,可以快速、灵活、有效地解决文化管理中出现的各种问题,在文化管理中有着重要作用。文化行政部门是国家权力机构的有机组成部分,具有一定的权威性,其直接领导下级机关和个人,被管理者对于上级的的政令必须服从,使得文化管理的行政方法具有命令和指挥的特点,文化管理中有关的指令性计划、行政命令、条例、制度和规定具有很强的明确性。

我们在肯定行政命令方法的重大作用的同时,也应看到由于其本身的特点存在一定的局限性。过多的行政命令手段容易导致文化行政部门管得过多,政企不分、政事不分,办事效率低下,容易导致官僚主义、命令主义,容易导致无法利用文化事业的创新性的发展内容与助力,从而影响文化管理工作人员的积极性和主动性的发挥。

在社会生产力和科学技术日新月异的今天,我们要提高行政命令方法的科学性。在使用行政命令手段时应符合事物的发展规律,以便把各个方面的积极性和创造性充分调动起来,使人力、物力、财力、时间得到最合理最有效的利用,提高管理的效率。同时,行政命令方法要和其他管理方法综合利用,相互配合,相互协调,才能有利于文化事业的蓬勃发展。

(四)制定规章制度

文化管理规章制度的制定主要是指国务院组成部门及直属机构,省、自治区、直辖市人民政府及省、自治区政府所在地的市和经国务院批准的较大市的人民政府,或者是社会组织、社会团体、企事业单位为实施文化管理,规范文化工作、活动及有关人员行为,在它们的职权范围内为执行法律、法规、文化发展事项或属于本行政区域的具体文化行政管理事项而制定的规范性文件。

规章制度的制定是充分发挥文化管理作用的基础。文化管理规章制度的制定必须准确把握文化管理规章制度设计的含义,正确运用文化管理规章制度的设计原则,使用相应的方法和程序,以此来保证文化管理规章制度能够满足现代文化发展的需要,对有效控制和监督文化企业的经济活动,提高文化产业的经济效益,维护文化法律法规,促进文化市场的有序运行都具有十分重要的意义。

文化管理规章制度的制定要依据相应的法律法规来设计,要以文化管理的法律法规为依据,严格按照文化管理准则和国际通用的文化管理准则的有关规定进行。文化企业还要根据文化发展的根本目的来设计适合自身文化管理的规章制度,要体现出企业在推动文化经济发展过程中事先、事后、事中的动态的发展理念,使监督的手段能够发挥作用并指导生产经营活动有序进行,从而提高文化产业的经济效益。文化管理规章制度的制定要具有通用性和实用性,要准确务实,不仅要保证语言文字的准确性,还要使规章制度的内容反映现阶段文化发展战略。不同的文化管理领域制定规章制度时,要具有创新性和可行性,考虑到不同文化领域发展重点的差别,体现出不同的控制监督特点,合理推进文化管理事务的进步,提高文化管理工作的有效性。比如,《互联网文化管理暂行规定》属于文化部部门规章的范畴,共计二十七条。其立法宗旨就是加强对互联网文化的管理,保障互联网文化单位的合法权益,促进我国互联网文化健康、有序地发展。《规定》对互联网文化产品的定义和范围作了界定,对互联网文化活动的内涵作了明确规定,将互联网文化活动分为经营性和非经营性两大类;对中央和地方文化行政部门在互联网文化管理方面的各自职责作了比较明确的分工规定,对申请设立互联网文化单位的设立条件、审批程序和应提交的文件等作了具体规定;确立了进口互联网文化产品的内容审查制度,规定互联网文化单位进口互联网文化产品应当报文化部进行内容审查;对互联网文化单位的活动作了一定范围的禁止性规定,并明确了相应的处罚;对提供互联网文化产品可能产生的法律责任作了规定,规定了互联网文化产品的审查制度,对未经批准擅自从事经营性或非经营性互联网文化活动的处罚作了规定。这一规章制度的制定适应了现阶段互联网文化产业作为"朝阳产业"发展的要求,在互联网文化产业日新月异的情况下,加强对互联网文化市场的规范化监管,保障诚信守法的互联网文化单位的合法权益,促进方兴未艾的中国互联网文化健康、有序地良性发展。

二、我国文化管理行政方法存在的问题

在文化快速发展的今天,我国文化管理行政方法的聚焦点集中于政府在文化管理中职能的转变。我国在深化文化体制改革的同时,加快转变政府的职能,解决存在的问题,才能更好地为文化的繁荣发展服务。

(一)过分依赖行政方法

目前我国过分依赖行政方法来管理文化产业和文化事业,不尊重文化企业经营自主权,致使文化产业发展缺乏活力,产业弱小,竞争力差,经营项目结构单一;在文化的管理方法上,更多地采取行政方法,运用经济方法和法律方法不够,文化立法缺失和缺位严重。

(二)人治代替法治的现象仍然十分严重

目前行政机构交叉重叠,条块分割,存在多头管理、交叉管理的弊端,各自为政,职责不清。如对音像市场,不仅有文化、广电两家主管,出版、物价、工商、公安、海关等部门也管,造成政出多门,基层无所适从。

(三)缺乏创造性,效率低下

文化事业单位内部管理中设置较多的行政许可和审批程序,加上文化事业单位分配制度和人事制度上的弊端压抑了广大员工的积极性,人浮于事、效率低下的现象难以避免。不仅如此,文化行业内部的人事制度也无法适应新时期文化发展的需要,成为文化可持续发展的瓶颈之一。

三、我国文化管理行政方法未来的发展

党的十七大要求"加快行政管理体制改革,建设服务型政府",并指出,要"着力转变职能、理顺关系、优化结构、提高效能,形成权责一致、分工合理、决策科学、执行顺畅、监督有力的行政管理体制"。加快政府职能转变,深化行政管理体制改革,建设高效政府,依然是各级政府的当务之急。

(一)政府管理方式的转变

要按照政事分开、政企分开、企事分开的原则,克服政府在文化管理中的"错位"、"越位"和"缺位"现象。要实现政企分开、管办分开,实现由微观管理向宏观管理转变。政府由原来的大包大揽向参与、指导的方向发展,强化政府文化部门的宏观管理职能,发挥政府在文化管理方面的政策调节、市场监管和公共服务的职能,减少政府对市场主体的过多干预。

(二)文化管理体制的转变

让文化市场通过内在机制为社会成员提供文化产品和服务。随着市场经济体制的建立,文化事业管理体制应实现从政府控制向社会选择、适应文化市场转变,并且根据文化事业主体实现对文化事业的分类管理。文化事业的管理主体可以是多元化的,公益性的事业应该由中央或地方政府举办,准公益性、半公益性、非根本性的事业则可以由民间举办。

(三)文化管理方法重点的转变

从过去单一靠行政方法转变到依靠法律、行政、经济相结

合的手段进行综合治理。随着政府宏观调控中普遍性、间接性、引导性手段的完善,直接指挥性的行政手段的运用会逐渐减少,在文化事业管理中的作用主要体现在制定文化发展规划。运用投资、税收、价格、利润、工资、奖金等经济杠杆,按照文化生产经营规律对文化的生产经营活动进行管理具有较强的权益性。经过法律的方式所确定的文化事业原则和制度,在较长的时间内保持相对的稳定性和连续性,有利于文化管理活动的秩序化、经常性。

(四)政府文化管理理念的转变

政府对文化事业的管理应尽快从原来的直接管理向间接管理转变,从指令性的管理向优质公共服务提供者角色转变。要尊重文化市场经济规律,按文化市场规则、适应文化市场的要求办事。政府需要转变原有的行政管理理念,加强政府的公共服务意识,真正做到在文化事业的管理中显现服务意识、在服务中体现管理效果。同时,加快完善公共财政制度,扩大公益性文化事业的覆盖范围,切实保障农村、基层和欠发达地区人民群众基本文化产品和服务的需要,实行更加有力的政策措施,推进文化社会事业加快发展。向努力营造优秀的发展环境方向转变。从微观上来看,就是构建安全、和谐、健康的文化市场秩序,并建立由法律监管、职能部门监管、行业自我监管、媒体监管以及群众民主监管等众多方面组成的监管体系;从宏观的角度来看,就是完善文化市场的公共服务、建设基础设施,做好政策调控,稳定发展与社会、发展与环境的关系。

(五)文化管理部门之间职能关系的转变

在文化事业的管理中,要及时理清政府与政府之间的关系，比如中央政府与地方政府之间的关系、政府部门与政府部门之间的关系以及上级政府部门与下级政府部门之间的关系，只有理顺了这些关系，才能够从本质上确保职责以及权力，才能够使每一个部门都做好自身的工作、承担自身的责任，最终形成有序、高效的运作模式，促进政府部门之间的合作，简化不必要的环节，增强行政的透明度。为了能够实现政府与企业、事业、社会、市场之间的合理分工，必须及时地将不应该由政府承担的职能转移出去，简单来说，也就是文化市场能够自己运作的，政府就不应该去包揽；企业能够自主经营的，政府就不应该干预；社会能够自主管理的，政府就不应该插手。真正实现政府职能的定位，使政府行政部门能够减少不必要的责任，这样的模式还能从侧面促进文化市场、文化事业组织以及社会自身的发展。

第三节　文化管理的法律方法

文化管理法律法规是指中华人民共和国现行有效的文化管理法律、文化管理的行政法规、文化管理的司法解释，以及文化管理的地方法规、地方规章、部门规章及其他规范性文件，包括对于该类法律法规的及时修改和补充。从广义上讲，法律泛指一切规范性文件；从狭义上讲，仅指全国人大及其常委会制定的规范性文件。文化管理法律法规是一种正式制度安排，是整个人类文明走向规范和有序的文化关系的反映。国家文化战略是一个国家、政府在文化发展方面应对未来所制定的战略性规划和蓝图，而实施这一系列战略目标的重要保证就是文化管理的法律法规。

党的十六大报告中就明确提出要"加强文化法制建设,加强宏观管理"的目标和规划,党的十七大也作出"推动社会主义文化大发展大繁荣"和"兴起社会主义文化建设新高潮"的全面部署。随着我国文化事业和文化产业的蓬勃发展,文化立法的数量和质量都有了显著的提高。近几年,我国陆续出台了一些文化方面或与文化产业密切相关的法律法规,如《著作权法》、《电影管理条例》、《广播电视管理条例》、《出版管理条例》、《印刷业管理条例》、《营业性演出管理条例》、《广告法》、《文物保护法》、《娱乐场所保护条例》、《音像制品管理条例》,等等,并制定了一些配套的实施细则,文化法律法规的制定工作取得了一定的进步。

一、我国文化管理的法律方法

总体来说文化立法可以分为三类:第一类为公共文化事务法,第二类为文化管理法,第三类为行为法。目前来看,我国颁布的法律法规多为文化管理法,而公共文化事务法较少。我国的文化事业法律法规体系也是以宪法为核心的,与我国总的立法体系相一致,一般分为:

1. 宪法

宪法中规定了国家的基本文化制度。《中华人民共和国宪法》规定:"国家发展为人民服务、为社会主义服务的文学艺术事业、新闻广播电视事业、出版发行事业、图书馆博物馆文化馆和其他文化事业,开展群众性的文化活动。国家保护名胜古迹、珍贵文物和其他重要历史文化遗产。"为文化产业的发展和立法提供了基本的依据。

2. 基本法

在基本法中,不仅要提出我国文化产业发展的指导思想和方向,还应当明确文化产业中需要受法律调整的范畴;不仅要规定对新型文化产业的支持与鼓励,还应当规定对我国传统文化的保护与振兴;不仅要规定对主流大众文化的保护,还应规定对地区文化、民族文化和特殊文化的保护;不仅应设定行政许可和惩罚措施,还应设置奖励措施作为激励机制。①

3. 部门法

在基本法的原则之下,还应由各主管部门各自制定部门法,如应制定《新闻法》、《电影法》、《电视法》、《文艺演出法》等。比如,1982 年 11 月 19 日第五届全国人民代表大会常务委员会第二十五次会议通过了《中华人民共和国文物保护法》,对文物的保护、利用和研究作出了全面的规定。2002 年10 月 28 日第九届全国人大常委会第三十次会议对《中华人民共和国文物保护法》进行了修订,第一次将文物工作方针写入法律之中。

4. 地方立法

地方立法解决的是国家宏观文化产业发展调控与区域性文化政策的关系。应当允许各地根据自身的情况,制定上位法的实施细则和具体规定,少数民族地区还可以适当变通某些规定,使文化产业发展调控的各项立法得以有效实施。②

5. 配套法与程序法

为了保证我国文化事业法律法规的有序实施,还必须建立相应配套的法律规范和程序法,比如用相应的经济法对文化产品正常流通、文化市场的有序运行进行调控,用社会法维护文

---

① 傅丽:《我国文化产业发展调控立法新构思》,载《法制与社会》2008 年第 2 期,第62—63 页。

② 傅丽:《我国文化产业发展调控立法新构思》,载《法制与社会 》2008 年第 2 期,第62—63 页。

化事业从业者合法的劳动权利,用刑法和诉讼法对一些违法犯罪活动加以控制和惩戒。

二、我国文化管理法律方法存在的问题

我国的文化立法还处于初级阶段,文化法律法规也尚未形成一个完整的科学体系,文化法律法规的发展与文化产业、文化管理的发展不相适应。具体来说,我国的文化法律法规存在以下几个问题:

(一)法律法规不健全,立法盲点较多,某些领域还存在着无法可依的情况

长期以来,我国文化立法工作明显滞后,文化立法数量明显不足,文化法律法规的创制大大落后于文化社会活动和文化社会关系的实际,落后于文化事业和文化产业蓬勃发展的要求。现行的文化法律法规很难从整体上涵盖文化发展的方方面面,虽然在大力发展文化事业和文化产业、解放和发展文化生产力方面均有十分清晰的指导意见和战略部署,但是,在文化发展涉及到发展改革、财政、商务、工商、税务、海关、外汇、人事等方面,缺乏总体安排,目前多通过行政法规、规章、政策来调整,缺少高层次立法,没有发展文化产业的基本大法,而且一些具体文化产业的法律法规也存在缺位。比如,在影视领域、娱乐领域、文化投资领域、信息服务等领域中缺乏相关法律约束,无法应对文化产业迅速发展出现的新问题。

(二)文化立法效力层次偏低

从现行的文化立法来看,法律、行政法规过少,大部分是行

政规章、地方性法规或其他规范性文件,效力层次偏低,直接影响了管理的有效性,阻碍着我国文化建设的健康、有序、快速、高效发展。不仅如此,我国具有实际意义的文化法典、基本法律都十分欠缺,甚至还在沿用以往的行政规章制度,许多与文化的建设与发展密切相关的、必不可少的重要法律尚为空白。

(三)许多法律法规缺乏应有的严密性,缺少必要的系统性

我国现行的文化法律法规还带有计划经济色彩和痕迹,对文化产业还习惯于用管理事业的方法去管理,造成有些法律法规已明显与现实脱节,不适应市场经济条件下出现的新情况、新问题,不适应对外开放、经济全球化的要求。并且存在一些具体的文化法律法规的规定与作为根本大法的宪法之间、一些由地方制定的文化法律法规与中央的文化法律法规之间相互冲突的现象,给文化管理的实际执法工作带来了很多困难。随着改革开放的深入,社会经济发展已经发生了很大的改变。数十年来陆续颁发的文化法律法规仍然决定着行政行为和执行者的思路很多不能与时俱进,法律法规存在着明显滞后、过时的现象。

三、我国文化管理法律方法未来的发展

当前文化政策法规应进一步完善,党的十七大报告把文化的重要性提到了空前高度,用"推动社会主义文化大发展大繁荣"、"兴起社会主义文化建设新高潮"、"提高国家文化软实力"来深刻阐述,这标志着文化发展进入新的发展阶段。因此,也为完善文化政策法规提出了新的要求。

要推动社会主义文化大发展大繁荣,很大程度上取决于国家整体的制度设计与安排。我们要认识到加强文化立法工作

的重要性和紧迫性,抓紧制定和完善一批与文化建设发展和管理密切相关的法律法规,在现有文化法律资源基础上,继续进行我国文化立法的理论探索和立法实践。

(一)在实事求是的基础上完善文化立法原则

文化立法要"在充分考虑中国文化的历史传统、现实发展、民族特色和区域经济、文化发展的不平衡性的前提下,根据文化发展的实际需要,确定文化立法的目标、内容和步骤,制定和完善文化法规"①。

1. 以人为本的原则。文化产业不同于其他产业,它不是单纯的经济行为,而是主要通过人的精神劳动来产生效益并直接服务于人的精神生活的特殊产业,所以带有强烈的人文性。要保障公民的文化权益,尊重和保护公民文化自由和文化参与、创造、创新的主动性、积极性和创造性;要加强公众监督和审计监督;要加强民间文化收集、整理、发掘、保护和民族文化资源与文化传统保护、抢救和整理、传承方面的立法。

2. 和谐文化原则。要求在文化立法中体现和吸纳不同文化类型群体的愿望和要求,并给予应有的尊重和反映。在保持主导文化价值观念和意识形态的主体地位的同时,承认和尊重每一种文化形式和表现途径的平等性。肯定和促进精英文化与大众文化、本土文化与域外文化、传统文化与现代文化的交流互动。保护和扶持少数民族文化、民间文化,鼓励开展大众文化活动。②

①　1999 年文化部《文化立法纲要》第二部分。
②　石东坡:《文化立法基本原则的反思、评价与重构》,载《浙江工业大学学报(社会科学版)》2009 年第 2 期,第 192—196 页。

3. 系统性原则。文化产业发展的关联性较强,文化是一个受到经济、政治影响较大的领域,同时也反过来影响着整个社会。这就要求不仅不能让文化产业法律和其他方面的法律相矛盾,而且要尽可能地让它们互补,相得益彰,形成一个和谐的科学的系统。

4. 国际化原则。现在文化的国际交流领域和规模不断扩大,新的通讯技术和信息技术加快了文化交流的速度和质量,文化产品的进出口贸易逐渐融入到国际文化市场之中,这些都使得文化法律法规的国际化进程加快,文化法律法规与国际的文化法律法规接轨也成为我国文化法律法规制定的焦点问题。我们不仅要按照国际惯例来修订本国法律法规,而且要根据本国的国情利益寻求解释或者谋求修订国际惯例。

(二)结合文化产业发展导向,健全法律法规内容

统筹兼顾、整体推进,消弭部门鸿沟、取消各自为政,制定政策时要注意与相邻部门的协调、统一,构建良好的文化法律法规环境。要在确立文化产业立法指导原则的同时,强调文化产业市场发展的引导作用,规范、细化系统层面的立法,构建一整套相对完整的具有自己特定调整对象和范围的文化产业法律体系。尽快制定我国文化产业基本法。基本文化法律是在它所涉及的领域内起统帅作用的法律,基本文化法律制约了该领域内的各项单行文化法规。通过文化产业的基本法,以法律的形式将现行行之有效的各种促进性政策措施予以固定化、统一化,然后在此基础上建立具体领域的文化法律法规。文化事业、文化产业包括不同的门类,每一门类下又包含许多小门类,它们都有自己的特殊之处,可在基本法

的统摄之下分别规定各个产业的相关制度,同时又要制定完善各文化产业的基本法律、行政法规、地方性法规。立法还要强调结合文化市场发展,结合市场文化产品生产和流通的新形势,因地制宜、因时制宜地制定出符合我国国情并在实践中有生命力的文化法律法规。要强调对盲点的补充,根据市场文化产品的发展,注意加强对文化产业立法空白领域的调查研究,尤其要适应文化建设中高新科技发展的要求。只有这样才能保证文化政策的实行,同时创建良好的文化管理法律法规环境。

(三)规范立法系统层面,加强立法的权威性

文化产业立法是一项复杂的系统工程,针对目前我国国家立法少、部门规章多,基本法律少、单行法规多,权利保障少、管理规范多的立法情况,要认真论证立法建议,提高法规立项的科学性。法规草案应当符合党和国家的方针政策,内容要完整、明确、具体,要结构合理、前后一致,法律语言要准确、精炼、严谨,规定要宽严有度、简繁得当、针对性强、切合实际、有可操作性。要逐步形成和健全以文化基本法律为基础,以专项文化法律和行政法规为骨干,以部门规章和地方性文化法规为补充的,科学合理、层次分明、功能齐全、配套完善的中国特色社会主义文化法律框架体系。要把文化建设和管理纳入法制化轨道,积极推进文化立法进程,建立健全与社会主义市场经济体制相适应的文化法规体系。

(四)统一立法模式,体现立法的严密性,增强其实际操作性

文化产业涉及面广、产业链长,这就决定了对文化产业的

立法不仅要注意自身法律、法规、规章和政策的统一性,更应注意与其他部门法的协调和配合。这决定了其政策法规体系是一个以宪法为核心,以文化法为主要内容,横跨行政法、民法、商法、经济法、社会法、刑法和诉讼法等多部门多层次的规范体系。应当注意与现有法律法规政策的衔接、配合。比如:要完善税收调控制度,在不违反税收基本法的前提下,对相关文化创意产业的税率进行调整,完善文化产业中的差别税率政策,通过税收优惠政策鼓励企业和个人的捐赠,还可以借鉴国外的经验设立文化产业发展基金来扶持我国文化产业、文化事业的发展。[①] 随着网络文化的出现,其无形性特点使知识产权的保护更加艰难,在传统书籍、音乐、影视、大众传媒的网络生产与服务方面,在网吧、网站、网络游戏、电子商务、虚拟社区等相关产品和服务方面都存在大量的知识产权法律问题。[②] 这都要求建立相关的知识产权法律保护机制。由此可见,随着文化事业、文化产业的发展,我们要不断完善文化法律法规,提高法律法规的严密性,才能给予文化事业、文化产业的发展准确的法律依据和有力的法律支持。

不仅如此,还要加强与国际规则衔接。我国现有文化产业的法律规定仍带有计划经济体制的痕迹,行业和部门的利益保护色彩较浓重,与 WTO 原则和 WTO 对我国文化产业政策的要求不符。这就迫切需要制定系统化的文化产业规范。

总之,现在我国文化行业进入了快速发展的时期,并成为国民经济的支柱性产业,对我国文化管理提出了很高的要求。

---

① 周亮:《文化产业的税收法律环境探析》,载《焦作大学学报》2004 年第 2 期,第 33 页。
② 李冬梅、贾丽平:《论网络文化产业市场法律规制的完善》,载《中国合作经济》2006 年第 5 期,第 30 页。

文化事业、文化产业的发展离不开法制的保障,构建一个科学合理、层次分明、配套完善的文化管理法律法规的框架体系是我国促进文化发展的重要工作。目前,我国文化管理法律法规的建立取得了一些显著的成就,也在不断完善之中,但总体来说还是处于初级阶段,任重而道远。

　　思考题:

　　1. 目前文化管理经济方法存在的问题以及如何改进。

　　2. 目前文化管理行政方法存在的问题以及如何改进。

　　3. 目前文化管理法律方法存在的问题以及如何改进。

第三章　公益性文化事业管理

【内容提要】本章着重介绍我国文化事业中公益性文化事业的管理，阐明公益性文化事业的概念及范围、发展公益性文化事业的原则，介绍公益性文化事业发展现状，阐述公益性文化事业管理的内容、途径及重点。

【关键词】公益性文化事业　　公益性文化事业管理内容　公益性文化事业管理重点

公益性文化事业建设是我国社会发展的重中之重和文化建设的基础，也是文化管理的重要内容。党的十六大以来，我国文化改革发展实践探索与理论创新十分活跃并取得了重要成果。其中一个重大的理论创新，就是从满足人民群众的精神文化需求出发，对文化进行了科学分类，一类是满足人民基本文化需求的公益性文化事业，另一类是满足多样性、多层次、多样化文化需求的经营性文化产业。党的十七届六中全会专题研究了文化体制改革发展，并将公益性文化事业作为重要的战略任务。

第一节　公益性文化事业概述

一、公益性文化事业的基本概念

公益性文化事业是指由国家或社会兴办的面向全体公民或社会某一部分人的非营利性的文化事业单位及其场所和所展开的各项活动。它是社会主义文化事业的重要组成部分。它是由国家举办，不以营利为目的，面向社会、面向公众提供公共文化服务的文化事业及其相关载体。公益性文化事业以人人享有基本的公共文化产品和服务为主要目标，与经营性文化产业相对应，主要着眼于社会效益，为全社会提供非竞争性、非排他性的公共文化产品和服务。它涵盖了广播电视、电影、出版、报刊、网络、演出、文物、图书馆和哲学社会科学研究等诸多文化领域。因此，公益性文化事业既是国家文化建设的有机组成部分，同时也是国家整个公益事业（包括教育、医疗卫生、社会保障、环境等）的一个重要方面。公益性文化事业在积累、传承、创新和发展民族文化，落实公民文化权利和满足城乡居民日益增长的精神文化需求，提高全民族的思想道德和科学文化素质，发展和繁荣社会主义先进文化，构建社会主义和谐社会，以及促进国际多样化的文化交流等方面都发挥着不可替代的作用。

二、公益性文化事业的范围

公益性文化事业的基本职能就是面向公民提供文化产品与服务，这个职能决定了其覆盖范围十分广泛。一般来说，公益性文化事业的范围包括以下四个方面：第一，与国际社会基本一致的福利性文化事业机构提供的文化产品与服务,如:图书馆是人类知识的总汇和宝库,它保存了人类文化遗产,在提高人民思想道德和科学文化素质以及推动世界文明发展中发挥着重要作用;博物馆是征集、典藏、陈列和研究代表自然和人类文化遗产的场所,是为公众提供知识、教育和欣赏的社会公共机构;文化馆是开展群众文化活动,并为群众文娱活动提供场所,也是为群众培养训练文化骨干的重要阵地。第二,传播与弘扬社会主义意识形态和价值观念、宣传党的方针政策、传播国内外新闻等所需要的文化产品与服务,如反映中国人民反抗外来侵略斗争历史的纪念馆、陈列室、爱国主义教育基地等。第三,为丰富广大人民群众业余文化生活所需要的各种基层文化、群众文化活动等。第四,高层次、高品位的高雅文化作品和服务以及那些在文化市场上缺乏商业竞争力且具有优秀文化传统和艺术造诣的各种文化作品和表演艺术等,它代表了一个国家与地区的文化艺术水准,有引导和提高公众文明素养的功能,显示一个社会在精神文明建设方面所取得的成就。

中共中央、国务院颁发的《关于深化文化体制改革的若干意见》对公益性文化事业单位的范围和界限做出了科学和明确的划分:凡国家兴办的图书馆、博物馆、文化馆(站)、科技馆、群众艺术馆、美术馆等为群众提供公共文化服务的单位,为公益性文化事业单位。党报、党刊、电台、电视台、通讯社、重点新闻网站和时政类报刊,少数承担政治性、公益性出版任务的出版单位,重要社会科学研究机构,体现民族特色和国家水准的艺术院团,实行事业体制,由国家重点扶持。

三、发展公益性文化事业的原则

发展公益性文化事业必须按照公益性、基本性、均等性、便利性的原则。所谓公益性，就是政府提供的公共文化服务基本上是免费服务，或者是低于成本、收费很少的服务。即它以社会效益为最大追求，不以营利为目的。所谓基本性，是指它提供的是最基本的文化服务，保障的是人民群众最基本的文化权益，具体来说，就是看电视、看电影、听广播、阅读书报、进行公共文化鉴赏、开展大众文化活动等。所谓均等性是指政府要为社会成员提供基本的、与经济社会发展水平相适应的、能够体现公平正义原则的大致均等的公共文化产品和服务。简单地讲，就是使每个人都平等无差别地享受到公共文化产品和服务。所谓便利性就是做到一定空间范围内必须有公共文化活动场所，要网点化，要方便人民群众能就近、随时、低廉或免费享受到基本文化服务。

公益性文化事业的公益性特征决定了政府是公益性文化事业建设的主体。公益性文化事业的公益性与非营利性的本质特征决定了公益性文化事业发展的主体不能是以营利为目的的企业，而只能是政府。因此，加快发展公益性文化事业要以政府为主导，以公共财政为支撑，以公益性文化事业单位为骨干，以全民为服务对象，以基层特别是农村为重点，鼓励全社会积极参加，创新公共文化服务方式，构建覆盖全社会的公共文化服务体系，实现公共文化服务的均等化。以政府为主导，就是政府要切实履行在文化领域的公共服务职能，把建设公共文化服务体系纳入经济社会发展规划，切实把公共文化服务体系建设作为基本任务完成好，把文化民生工程实施好。以公共财政为支撑，就是主要依靠政府财政投入建设公共文化服务体系，扶持公益性文化单位，建设基本文化设施，购买文化产品用于公共文化服务。以公益性文化事业单位为骨干，就是要积极推动公共博物馆、纪念馆、陈列馆、美术馆、文化馆、图书馆以及基层文化活动中心向全社会免费开放,提高公益性文化单位服务群众的能力和水平,最大限度地发挥社会效益。以基层为重点,就是优先安排涉及群众切身利益的文化建设项目,将公益性文化建设的重点放到城市社区和农村乡镇、村,在文化政策、财政投入、项目安排、设施建设、队伍培训等方面向基层倾斜。鼓励全社会积极参与,就是完善相关政策和法律法规,积极引导社会力量以多种方式参与公共文化建设。创新公共文化服务方式,就是引入竞争机制,对重要公共文化产品、重大公共文化项目和公益性文化活动,采取建立基金、政府招标、定向资助等手段,进一步增强公共文化服务的活力。

第二节　我国公益性文化事业发展现状

十六大以来,在党中央领导下,各地各有关部门按照公益性、基本性、均等性和便利性的原则要求,坚持以政府为主导、以公共财政为支撑、以基层特别是农村为重点,大力发展公益性文化事业,极大地满足了人民群众不断增长的文化需求。全国公共文化服务体系日趋完善,现代传播体系基本成型,优秀传统文化传承体系摆上了重要日程,城乡文化一体化得到了长足发展,人民群众的精神生活极大丰富,空前繁荣。

一、全国公共文化服务体系日趋完善

发展公益性文化事业,建立覆盖全社会比较完备的公共文化服务体系,是实现和维护人民群众基本文化权益的主要途径。改革开放以来,我国不断加大财政对公益性文化事业的投

入力度,动员社会各方面力量,以各种方式积极参与公益性文化建设。特别是进入新世纪以来,发展公益性文化事业提到了重要的议事日程上来。2002年11月,党的十六大提出"国家支持和保障文化公益事业";十六大以后,我国文化体制改革的步伐明显加快,文化体制改革的目的、意义、主要任务和实施重点更加明确。2003年,《公共文化体育设施条例》出台,已经初步具有了公共文化服务的观念。2005年10月,党的十六届五中全会和中共中央、国务院《关于深化文化体制改革的若干意见》正式提出"构建公共文化服务体系"的目标。2006年10月,党的十六届六中全会做出的《中共中央关于构建社会主义和谐社会若干重大问题的决议》,要求"加强公益性文化设施建设,鼓励社会力量捐助和兴办公益性文化事业,加快建立覆盖全社会的公共文化服务体系"。2007年10月,党的十七大把"覆盖全社会的公共文化服务体系基本建立"作为实现全面建设小康社会的重要目标之一。党中央、国务院并多次下发重要文件,对公共文化服务体系建设进行部署。

在党中央、国务院的高度重视下,公共文化建设投入的力度不断加大,为公共文化服务基础设施建设提供了有力保障。特别是"十一五"期间,各级财政对文化的投入大幅度增长,从2006年的685亿元增加到2010年的1 528亿元,年均增长22.2%。国家发改委累计安排公共文化设施建设资金超过200亿元,其中用于基层文化设施建设的资金是"十五"时期的8倍,是改革开放以来增长速度最快的一个时期。中央财政通过转移支付方式,大力推进重大文化工程项目,支持各地文化建设。"十一五"期间,中央投入39.48亿元用于全国2.67万个乡镇综合文化站建设,中央和地方共投入82亿元用于广播电视村村通工程建设,投入近 23 亿元用于农村电影放映工程,投入 46.9 亿元用于农家书屋工程;此外,2008 年到 2010 年,中央财政累计安排 52 亿元专项资金用于公共文化设施免费开放。①

在公共财政大量投入的推动下,各地各有关部门以政府为主导,以基层特别是农村为重点,大力发展公益性文化事业,公共文化设施网络日益健全。广播电视村村通工程已覆盖全部通电行政村和 20 户以上自然村。全国文化信息资源共享工程自 2002 年实施以来,已建成 83 万个服务点,覆盖全国 90% 的行政村。农家书屋工程自 2007 年实施以来已建成 40 万家,覆盖 50% 的行政村。乡镇综合文化站建设基本实现乡乡有综合文化站,农村电影放映工程年放映 800 万场电影,基本实现一村一月放映一场电影的公益服务目标。广大群众看书难、看电影难、收听收看广播电视难的问题得到明显改善。②

社区文化建设是公共文化服务体系建设的重要组成部分。根据中央对社区文化建设的要求和社区文化建设的实际需求,2009 年开始,中央财政设立“城市社区文化中心(文化活动室)设备购置”专项资金,用于全国城市街道文化站(社区文化中心)和社区文化活动室设备购置,以进一步提高城市公共文化服务能力。截至 2010 年底,中央财政已安排专项资金 4.59 亿元,对全国 1 092 个街道文化站(社区文化中心)和 6 022 个社区文化活动室设备购置进行补助。③ 社区文化建设取得了长足的进步。

---

① 新华网:《党的十六大以来我国公共文化服务体系建设综述》,2011 年 9 月 24 日。
② 同上。
③ 新华网:《我国基本实现公共文化服务体系全覆盖》,2011 年 9 月 12 日。

此外全国有 1 000 多个公共博物馆、纪念馆实行了免费开放。2010 年接待观众人次超过了 4 亿多，比免费前增加了 50％以上。① 2011 年财政部启动了公共图书馆、美术馆、文化馆站的免费开放工作，2012 年底基本实现所有公益性文化设施和服务全部向公众免费开放，最大限度地保障人民群众的基本文化权益。

　　经过多年的努力，我国公共文化服务体系日益发展完善，基本实现了公共文化服务体系全覆盖。公共文化服务体系的公益性、基本性、均等性和便利性日益实现。

　　2011 年 10 月，党的十七届六中全会指出，大力发展公益性文化事业，保障人民基本文化权益，满足人民基本文化需求，是社会主义文化建设的基本任务。作为当前文化工作的重中之重，文化部党组和全国各级文化工作者正按照中央部署，全力加快推进公共文化服务体系建设。到 2015 年，公共文化设施网络日趋完善，服务运行机制逐步健全，服务能力快速提高，将基本建成较为完善的公共文化服务体系。

二、现代传播体系基本成型

　　构建技术先进、传输快捷、覆盖广泛的现代传播体系，既是文化理念和价值观念广泛流传、影响世界的基础条件，也是提供文化服务、保障人民基本文化权益的重要载体。

　　《国家"十一五"时期文化发展规划纲要》指出，要发展新兴传播载体。截至 2010 年年底，我国有线电视干线网络超过 330 万公里，全国有线电视用户达 1.89 亿户，覆盖全国所有大中城

---

　　① 搜狐新闻网：《全国 1 000 多个公共博物馆纪念馆已实行免费开放》，2011 年 2 月 28 日。

市、部分乡镇以及不少农村地区,其中数字电视用户 8 799 万户。① 近年来,我国统筹报刊、通讯、广播、电视、互联网和出版等多种媒体,统筹有线、无线、卫星等技术手段,积极推进现代传播体系建设。

经过多年发展,我国重点媒体已经具备了打造国际一流媒体的良好基础和条件。《人民日报》建设新闻资源系统,加快海外版数字化转型;新华社驻外分社超过 140 个,形成比较健全的全球新闻信息采集网络和新闻发布体系;中国国际广播电台建有海外记者站 32 个,建成 62 个境外整频率电台,使用 61 种语言对外播出;中央电视台海外记者站达 50 个,开播英语、西班牙语、法语、俄语、阿拉伯语、汉语六种语言七个国际频道,在 141 个国家和地区落地,海外用户超过 2 亿;《中国日报》形成国内旗舰版、美国版、欧洲版、亚洲版共同发展的局面;中新社海外供版覆盖 22 个国家;人民网、新华网、中国网络电视台影响力不断增强,在传播中国声音、树立中国形象、扩大中国影响方面发挥了重要作用。②

三网融合正在扎实推进。2010 年 1 月 21 日,国务院印发实施《推进三网融合的总体方案》,明确了三网融合总体目标,提出到 2015 年实现电信网、广电网、互联网融合发展。2010—2012 年为试点阶段,2013—2015 年为推广阶段;确定了推动广电、电信业务双向准入,加强网络建设和统筹规划,强化网络信息安全和文化安全监管,推动产业发展等四个方面的任务。2010 年 6 月,国务院办公厅印发了三网融合试点方案,并公布

---

① 大江网:《中宣部副部长蔡赴朝:加快构建现代传播体系》,2011 年 11 月 7 日。
② 人民网:《蔡赴朝、发展现代传播体系 提高社会主义先进文化辐射力和影响力》,2011 年 11 月 7 日。

了第一批十二个试点地区(城市)名单。目前,试点工作已取得积极进展。十二个三网融合试点城市正在抓紧下一代广播电视网示范区建设。

三、优秀传统文化传承体系摆上了重要日程

中华文化历史悠久、底蕴丰厚。优秀传统文化凝聚着中华民族自强不息的精神追求和历久弥新的精神财富,优秀传统文化是实现中华民族伟大复兴取之不尽、用之不竭的思想源泉,是发展社会主义先进文化的深厚基础,是建设中华民族共有精神家园的重要支撑。

2011 年 10 月十七届六中全会通过的《中共中央关于深化文化体制改革、推动社会主义文化大发展大繁荣若干重大问题的决定》立足时代实践,顺应时代潮流不断进行新的文化创造的需要,指出要"建设优秀传统文化传承体系",强调"要全面认识祖国传统文化,取其精华、去其糟粕,古为今用、推陈出新,坚持保护利用、普及弘扬并重,加强对优秀传统文化思想价值的挖掘和阐发,维护民族文化基本元素,使优秀传统文化成为新时代鼓舞人民前进的精神力量"。

建设优秀传统文化传承体系,是增强文化自信、提高民族素质的迫切需要,是满足人民日益增长的精神文化需求、让人民共享文化发展成果的一项重要举措。

四、城乡文化一体化得到了长足发展

城乡一体化是全方位的一体化,文化建设是基本内容,也是重要保证。加快城乡文化一体化发展,是缩小城乡文化差距、增强文化发展均衡性的主要途径。经过改革开放三十多年

的发展,覆盖城乡的公共文化服务网络初步形成,城乡文化一体化得到了长足发展。

城乡文化一体化发展,薄弱点在农村,着力点也在农村。2007 年,在公共财政的支持下,农村文化投入共计 56.13 亿元,实施了县图书馆、文化馆建设工程。到"十五"期末,县县有图书馆文化馆的目标基本实现。为切实解决县级图书馆、文化馆设施设备落后、不具备基本服务条件等问题,中央财政从 2009 年开始,两年共投入 58 222 万元,对全国面积不达标的 447 个公共图书馆、1 147 个文化馆进行修缮,使其具备开展公共文化服务的基本条件,更好地为基层群众提供有效的文化服务。①

"十一五"期间,中央又实施了全国"十一五"乡镇综合文化站建设规划,投入 39.48 亿元补助全国 2.67 万个乡镇综合文化站建设项目,在全国范围内实现"乡乡有文化站"的建设目标。截至 2011 年 6 月 30 日,需要中央补助投资的乡镇综合文化站建设项目 23 746 个(不含黑龙江农垦项目)中,有 16 731 个建设项目竣工,占项目总数的 70.5%,其余项目也在积极建设中。建成并投入使用的乡镇文化站,对于满足广大农民群众精神文化需求、保障基层群众文化权益起到了重要的作用。②

为解决乡镇综合文化站设施"空壳"问题,财政部 2008 至 2010 年连续三年安排乡镇文化站设备购置专项资金 11.6 亿元,为已建成且达标的乡镇综合文化站配备文化信息资源共享工程设备和开展文化活动所必需的设备器材,以改善其设备状况,完善其服务功能,从硬件上保障乡镇文化站活动的正常开展。

---

① 凤凰网:《我国基本实现公共文化服务体系全覆盖》,2011 年 9 月 12 日。
② 同上。

文化部有关部门负责人表示,在乡镇综合文化站建设过程中,部分项目由于地域、气候差异等原因,存在着建设压力较大、后期运行困难的问题。文化部财务司计划继续积极与财政部进行沟通联系,进一步研究建立乡镇综合文化站经费保障长效机制,根据其服务面积、服务内容、人员构成等因素,并考虑到我国地域、气候等因素,研究制定财政补助定额标准,充分保障人员开支和日常运转所需经费,同时增加专项资金投入,支持开展业务活动、改善设施设备条件,促进其不断提高服务水平和服务质量,不断增强吸引力和影响力,从而推动基层公共文化服务经费保障机制的全面建立。

　　城乡文化一体化发展,西部地区也是薄弱点。

　　"十一五"期间,各级财政对文化的投入大幅度增加,在加大投入的同时,文化投入结构也逐步改善,文化事业费进一步向西部地区倾斜。如 2010 年西部地区文化事业费达到 85.78 亿元,占全国的 26.6%,比 2007 年提高了 5.1 个百分点。[①]

　　近年,政府在公共文化建设中的主导地位使国家建设的公共文化设施服务于民,并使西部省份、欠发达地区得到优惠的政策扶助。2009 年到 2013 年将安排资金 10.59 亿元,专门补助中西部地区社区文化设施建设。[②]

　　按照中央的要求,中国公共文化服务体系建设未来将继续加大资金投入,彻底改变城乡文化发展差距和东西部之间的不平衡,并尽力向文化建设薄弱的农村、西部和基层倾斜。

---

　　① 凤凰网:《深入推进文化体制改革》,2011 年 10 月 18 日。
　　② 搜狐财经网:《中国公共文化服务体系日益成熟 建设进入制度层面》,2010 年 8 月 5 日。

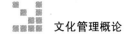

五、人民群众的精神生活极大丰富，空前繁荣

改革开放特别是党的十六大以来，各级文化部门积极组织示范性导向性活动，推动群众文化活动的开展，城乡群众文化生活日益活跃，人民群众的精神生活极大丰富，空前繁荣。

2000年，文化部组织了"全国部分省市农村题材小戏调演"活动，进一步调动了各级文化部门为农民群众多演戏、演好戏的积极性。2008年11月举办"纪念改革开放三十周年——首届中国农民文艺会演"，作为中国农民的艺术盛会，对农村文化艺术的发展起到了重要作用。

近年来，文化部努力以"群星奖"和"中国民间文化艺术之乡"为龙头，引导和带动全国群众文化活动的开展。通过改革奖项设置、建立获奖节目巡演机制、评奖监督制度等措施，提高了"群星奖"的社会影响力和社会效益。每三年开展一次"中国民间文化艺术之乡"评审工作，在全国命名、培育一批具有持续性、稳定性的特色文化品牌。

随着群众文化工作水平的提高，各地群众文化活动日益丰富多彩。广场文化、社区文化、企业文化、校园文化、军营文化等各类社会文化日益繁荣。各地各级文化部门积极鼓励创作短小精悍的小戏等优秀文艺作品。各地涌现出许多形式多样、内容新颖、独具特色的文化活动，丰富着群众文化生活。

三十年来，我国的社会结构发生了深刻变化，老年人、未成年人群体和农民工文化生活问题受到关注。各级文化部门结合党和国家的工作重点，突出针对性，开展了丰富多彩的文化活动。1999年，为落实党中央关于加强老年文化工作的指示精神，文化部设立了"永远的辉煌"中国老年合唱节，每年举办一届。合唱节受到了全国老年朋友的热烈欢迎,产生了很好的社会效果。2004 年,中共中央、国务院印发了《关于进一步加强和改进未成年人思想道德建设的若干意见》。为贯彻落实《意见》精神,2005 年,文化部联合财政部等七部门实施了"中国少儿歌曲创作推广计划",逐步建立少儿歌曲创作普及的长效机制,积极营造有利于未成年人健康成长的良好社会环境。

由于历史、自然等原因,我国少数民族地区经济较为落后,少数民族文化事业发展相对落后。根据少数民族文化状况和发展需要,文化部为少数民族文化发展实行文化设施建设、文艺人才培养、对外文化交流、文物保护"四优先"政策。同时,采取因地制宜、优先安排、重点扶持、对口支援等切实有效措施,加大对少数民族文化设施等方面的扶持,促进了少数民族文化事业的发展。

第三节　公益性文化事业管理内容

公益性文化事业管理是各级政府及其文化行政部门和各种文化事业单位对公益性文化事业单位和具体文化活动的规划、组织、协调、监督、指导和服务,包括政府的宏观管理和公益性文化事业单位自身的微观管理两个层面。

一、公益性文化事业管理内容

公益性文化事业管理内容繁多,涉及面广。从政府的管理职能角度来讲,主要包括:方针政策管理、规划建设管理、协调监督管理、服务指导管理等内容。从工作对象上看,可以分为艺术管理、图书文献管理、新闻出版管理、文物管理、广播和电视事业管理等;从管理范围看可分为城市公益性文化事业管理、农村公益性文化事业管理、社区公益性文化事业管理等。

按照十七届六中全会《中共中央关于深化文化体制改革、推动社会主义文化大发展大繁荣若干重大问题的决定》中提出的公益性文化事业建设的主要任务,本节分别从构建公共文化服务体系、发展现代传播体系、建设优秀传统文化传承体系、城乡文化一体化发展等四个方面分别阐述。

(一)构建公共文化服务体系

构建公共文化服务体系就是按照公益性、基本性、均等性、便利性的要求,以公共财政为支撑,以公益性文化单位为骨干,以全体人民为服务对象,以保障人民群众看电视、听广播、读书看报、进行公共文化鉴赏、参与公共文化活动等基本文化权益为主要内容,完善覆盖城乡、结构合理、功能健全、实用高效的公共文化服务体系。主要包括五个重要的环节:(1)公共文化服务设施网络建设的运行。(2)公共文化产品和服务资源的生产和供给。(3)公共文化服务的组织保障和人才队伍建设。(4)公共文化服务的公共财政保障。(5)公共文化服务运行的指导、管理和绩效评估。

公共文化服务体系的主要内容包括以下几个方面:

1. 建立覆盖城乡的、从上到下的公共文化服务设施网络

公共文化服务设施包括文化馆、博物馆、图书馆、美术馆、科技馆、纪念馆、工人文化宫、青少年宫,从全国到省、到市、到基层乡镇的文化站、村级的文化活动室、城市社区的文化活动中心,以及电台、电视台、广播电视发射转播台(站)、互联网公共信息服务点等公共文化服务设施。

加大投资力度,新建、改扩建一批地市级公共图书馆、文化馆、博物馆,推进国家美术馆、中国工艺美术馆、出版博物馆、中国国学研究与交流中心、国家民族博物馆、新闻博物馆等一批代表国家文化形象的重点文化设施建设。推动跨部门项目合作,统筹规划和建设基层公共文化服务设施,坚持项目建设和运行管理并重,实现资源整合、共建共享。加强社区公共文化设施建设,把社区文化中心建设纳入城乡规划和设计,拓展投资渠道。完善面向妇女、未成年人、老年人、残疾人的公共文化服务设施。

2. 实施一系列重点文化工程,提高提供公共文化服务的能力

重点实施文化信息资源共享工程等一系列公共文化服务建设工程,提高提供公共文化服务的能力。文化信息资源共享工程即实现从城市到农村服务网络全覆盖,通过有线电视、直播卫星、通信网、互联网等多种方式进入居民家庭,入户率达到50%,数字资源量达到530百万兆字节。建设公共电子阅览室。

3. 完善公共文化服务管理体制和运行机制,创新公共文化服务方式

加强公共文化服务管理体制和运行机制的改革,健全公共文化服务管理运行机制,完善公共文化机构的功能定位,明确服务目标、任务和责任,建立考核、激励和约束机制。制定公共文化服务指标体系和绩效考核办法,明确服务标准和服务规范,加强评估考核。加强对公共文化机构的指导、监督,采取措施保障公共文化设施正常运转和功能的充分发挥。

推进国家公共文化服务体系示范区创建。加强文化馆、博物馆、图书馆、美术馆、科技馆、纪念馆、工人文化宫、青少年宫等公共文化服务设施和爱国主义教育示范基地建设并完善,向

社会免费开放服务;鼓励其他国有文化单位、教育机构等开展公益性文化活动;建立和完善未成年人公益性上网场所;扶持少数民族文化产品的创作生产,开展少数民族文字书报刊赠送活动;扩大盲人读物出版规模,有条件的地区可以公共图书馆为依托,建立盲人电子阅览室。

完善投入与扶持政策,把主要公共文化产品和服务项目、公益性文化活动纳入公共财政经常性支出预算。采取政府采购、项目补贴、定向资助、贷款贴息、税收减免等政策措施鼓励各类文化企业参与公共文化服务。鼓励国家投资、资助或拥有版权的文化产品无偿用于公共文化服务。鼓励社会力量兴办社区文化、企业文化、村镇文化、校园文化等群众文化事业。支持群众依法兴办文化团体,精心培育植根群众、服务群众的文化载体和文化样式。加强队伍建设和人才培养,鼓励文艺工作者、艺术院校学生和热心文化公益事业的各界人士开展文化志愿服务。

 **案例一**

"以需定购"服务千万家

北京市朝阳区为了给百姓提供多样、便利和均等的基本公共文化服务,积极探索符合区情的文化设施空间布局,以百姓公共文化需求为导向,建立了公共文化服务配送机制,从数量、质量、供给方式、服务态度等多方面进行全面整合,保障了本地居民、流动人口、外籍人口等各类人群的基本文化权益,形成了基层公共文化"以需定购"的供给模式。

为了让更多的朝阳居民感受到公共文化服务的便利,朝阳区图书馆图书配送中心为居民提供免费配送服务,并加强了对少年儿童、老年人、残疾人等弱势群体的关注,制定了"图书漂流计划",将流动图书车开进了社区、公园、老年公寓、残疾人服务中心等,开展了助残配送、亲子阅读、农民工志愿服务等特别配送。这些服务也让越来越多的街乡图书馆重新焕发了活力。

朝阳区文化馆基层文化辅导中心也推出了基层文化服务(培训)配送项目,各街乡可以结合各自实际需求向文化馆定制上门免费培训的项目。每年第一个季度进行统计汇总安排,后三个季度按计划配送免费的培训,如摄影、交际舞、戏曲等诸多项目。这种"以需定购"的模式极大地满足了社区居民的文化需求。

(二)发展现代传播体系

当前,我国文化传播力还不能完全适应人民群众的新需求,必须构建技术先进、传输快捷、覆盖广泛的现代传播体系,拓展传播渠道,丰富传播手段,不断提高文化的传播力和影响力。

1. 规划建设现代传播体系网络

现代传播体系建设包括的主要内容:一是重要新闻媒体建设。加强党报党刊、通讯社、电台电视台和重要出版社建设,进一步完善采编、发行、播发系统,加快数字化转型,扩大有效覆盖面。二是新兴媒体建设。高度重视互联网的建设、运用和管理,使互联网成为公共文化服务的新平台。积极拓展网络报刊、网络广播电视、手机报刊、手机电视、移动多媒体等新兴领域和新兴传播阵地。三是文化传播渠道建设。推进电信网、广电网、互联网三网融合,建设国家新媒体集成播控平台,创新业务形态,发挥各类信息网络设施的文化传播作用,实现互联互通、有序运行。加快电影院线、文艺演出院线建设,完善国家数

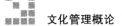

字图书馆建设。

2. 实施一系列传播体系重点工程

重点实施媒体传播能力建设、中央重点新闻网站建设、民族语言广播建设、国家应急广播体系建设、文化传播渠道建设和国家新闻媒体集成播控平台建设等工程,实施高层次国际传播人才培养计划。

大力实施数字图书馆推广工程,全面提升各级公共图书馆的文献保障水平和信息服务能力。数字图书馆推广工程即通过数字化的技术手段,把全国所有图书馆的资源全部连通、整合起来。用户通过网络终端,可以查到全国、甚至全世界的数字资源,做到图书馆随时随地在你身边。

3. 加强现代传播体系的管理体制改革,完善现代传播体系的运行机制

深入推进党报党刊发行体制改革和电台电视台制播分离改革,进一步完善管理和运行机制,不断扩大主流媒体的影响力。推动一般时政类报刊社、公益性出版社实行企业化管理,增强服务能力。

建立健全自律和他律机制,真实准确传播新闻信息。加强对社交网络和即时通信工具等的引导和管理,规范网上信息传播秩序,培育文明理性的网络环境。加大网上个人信息保护力度,建立网络安全评估机制,落实信息安全管理责任制,维护公共利益。

(三)建设优秀传统文化传承体系

1. 规划建设优秀传统文化传承体系

(1)物质文化遗产保护

物质文化遗产是具有历史、艺术和科学价值的文物,包括

古遗址、古墓葬、古建筑、石窟寺、石刻、壁画、近代现代重要史迹及代表性建筑等不可移动文物,历史上各时代的重要实物、艺术品、文献、手稿、图书资料等可移动文物,以及在建筑式样、分布均匀或与环境景色结合方面具有突出普遍价值的历史文化名城、名镇、名村。加强国家重大文化和自然遗产地,重点文物保护单位,历史文化名城、名镇、名村保护建设。

(2)非物质文化遗产保护传承

非物质文化遗产是指各种以非物质形态存在的与群众生活密切相关、世代相承的传统文化表现形式,包括口头传统、传统表演艺术、民俗活动、礼仪与节庆、有关自然界和宇宙的民间传统知识和实践、传统手工艺技能等,以及与上述传统文化表现形式相关的文化空间。非物质文化遗产保护传承的主要内容有:完善非物质文化遗产名录保护体系,制定非物质文化遗产项目分类保护标准和规划,统筹国家级文化生态保护区建设,建设非物质文化遗产保护利用设施等。

(3)优秀民族文化的传承保护与利用

加强文化典籍整理和出版工作,大力推进古籍资源数字化。发挥国民教育在文化传承创新中的基础性作用,结合中小学、幼儿教学特点融入优秀传统文化内容,面向全体高校学生开设优秀传统文化课程,增加优秀传统文化课程内容,加强优秀传统文化教学研究基地建设。深入挖掘民族传统节日文化内涵,广泛开展优秀传统文化教育普及活动。规范和保护国家、民族语言文字,大力推广和规范使用国家通用语言文字,依法保护各民族语言文字。繁荣发展少数民族文化事业,开展少数民族特色文化保护工作,加强文化载体建设,做好少数民族语言文字党报党刊、广播影视节目、出版物等译制、播出及出版。建设少数民族语言翻译出版基地,扶持少数民族文化产品译制、出版及播出。加强同香港、澳门的文化交流合作,加强同台湾的各种形式文化交流,共同弘扬中华优秀传统文化。

2. 实施文化遗产保护工程

"十二五"时期要实施文物保护、非物质文化遗产保护和传承、中华古籍保护与出版等二十项重大工程,包括国有可移动文物普查、人才队伍能力提升、重大科技攻关、文物监测平台建设和文化遗产安全等;在不可移动文物保护方面,包括古村落古民居保护、近现代重要史迹保护、少数民族地区重点文物保护、世界文化遗产保护、水下文化遗产保护、大遗址保护和国家考古遗址公园建设等内容。

3. 加强制度体系建设,加大法律保护力度

健全文物保护制度,切实做好文物调查研究和不可移动文物保护规划的制定实施工作,要完善申报、评审工作,制定保护规划并对保护状况和规划实施情况进行跟踪监测。加强文物执法督察和安全监管,健全各级文物行政执法机构,推行文物安全与执法巡查制度,完善文物安全工作部际联席会议制度,创新人才培养模式和加强文博人才队伍建设,促进文化遗产保护、科研、传承和发展。强化政府在城市化建设中文化遗产保护的责任,将文化遗产保护纳入经济和社会发展计划,纳入城乡建设规划,纳入财政预算,纳入体制改革,纳入各级领导责任制。逐渐完善多元化投入机制,引导社会力量参与文化遗产保护。建设文物市场法规体系,建立文物鉴定准入和资格管理制度,引导规范民间收藏。积极推动修订《文物保护法》、《博物馆条例》、《大运河遗产保护条

例》。

　案例二：

广州市越秀区多元化投资运营博物馆

广州市越秀区文脉悠长、史迹荟萃,33.80平方公里的区域内汇集了全国重点文物保护单位12个(16处)、省级重点文物保护单位18个(20处),市级重点文物保护单位69个。如何保护好、管理好、利用好如此丰富的历史文化资源呢? 该区在广泛调研、充分听取专家和各方意见的基础上,确立了"政府主导、社会参与、保护为主、合理利用"新思路。博物馆建设作为试点项目,在加大政府投入的同时,整合资源建设新型博物馆,并鼓励部门、街道和民间力量进行各种尝试。目前,越秀区已先后打造出东濠涌河涌主题博物馆、东平大押典当博物馆等16个各具广府文化特色的微型博物馆。这些各具广府文化特色的微型博物馆,大多藏身社区之中,不仅方便,且分布密集,贴近市民,已经成为惠及居民文化生活、提升城区文化品位和区域形象的新载体,每天吸引不少旅客和市民前来参观。2010年亚运期间,东平大押典当博物馆、广府文化会馆等小型博物馆,迎来一批批游客潮,每日游客总量均过万人。据越秀区委宣传部副部长张明春介绍,在博物馆管理方面,越秀区进行了多个机制创新,保证了博物馆的良性运行。在投资机制方面,引进社会资本,充分利用街道的力量,改变了以往由政府独立投资的局面;资金投入方式多样化,直接促成管理业主多样化和管理方式多样化;越秀区在引入社会力量参与博物馆管理方面,严格把好监督关,以保证管理效果。

（四）加快城乡文化一体化发展

1. 合理规划布局农村公共文化服务网点

增加农村文化服务总量，缩小城乡文化发展差距，以农村和中西部地区为重点，加强县级文化馆和图书馆、乡镇综合文化站、村文化室建设。把更多的文化资源向中西部地区、贫困地区、革命老区、民族地区和边疆地区的农村等地区配置。

2. 实施文化惠民工程

深入实施广播电视村村通工程、文化信息资源共享工程、农村数字电影放映工程和农家书屋工程等重点文化惠民工程，扩大覆盖、消除盲点、提高标准、完善服务、改进管理，进一步加强建设力度，不断壮大基层文化生活阵地。大力推进农民体育健身工程，深入开展全民健身活动。实施边疆及民族地区公共文化服务建设工程，实施新疆文化建设"春雨工程"、新闻出版"东风工程"，扶持少数民族文化产品创作生产，加强边疆民族地区文化设施建设。建设少数民族语言翻译出版基地，扶持少数民族文化产品译制和出版、播出。例如从 2011 年开始启动了"春雨工程"群众文化活动的开展，即"文化志愿者边疆行"活动，主要是把文化、志愿者、民族、边疆四个元素统一起来，包括大舞台、大展台、大讲堂。"大舞台"主要是演出，内地的、发达地区的志愿者到边疆民族地区进行文化演出。"大讲堂"主要是培训、讲座。"大展台"主要是展览。这个活动丰富了各族人民文化生活，进一步加强了内地和边疆地区各民族交流和交融。

3. 健全机制，拓宽渠道，推进基层文化服务活动开展的经常化

完善公共财政对农村文化建设的投入机制，为城乡文化一

体化发展营造良好的政策环境。加大对革命老区、民族地区、边疆地区、贫困地区文化服务网络建设支持和帮扶力度。引导企业、社区积极开展面向农民工的公益性文化活动,尽快把农民工纳入城市公共文化服务体系,努力丰富农民工精神文化生活。建立以城带乡联动机制,合理配置城乡文化资源,鼓励城市对农村进行文化帮扶,把支持农村文化建设作为创建文明城市基本指标。鼓励文化单位面向农村提供流动服务、网点服务,推动媒体办好农村版和农村频率频道,做好主要党报党刊在农村基层发行和赠阅工作。扶持文化企业以连锁方式加强基层和农村文化网点建设,推动电影院线、演出院线向市县延伸,支持演艺团体深入基层和农村演出。

二、提高公益性文化事业管理水平的有效途径

改革创新是提高公益性文化事业管理水平的有效途径。一是转变政府职能,整合行政资源。推进政企分开、政资分开、政事分开、政府与市场中介组织分开,推动文化行政管理部门逐步实现由办文化为主向管文化为主转变,由管微观向管宏观转变,由主要面向直属单位转向面向全社会,履行好政策调节、市场监管、社会管理、公共服务的职能。整合行政资源,集中力量推动公共文化服务体系建设,避免造成重复投入、资源浪费。当今时代,新媒体的发展、网络的扩张使许多文化服务和文化活动都可集中于一个平台上,而文化、广电、出版、电信、教育等多个行政主管部门都有自己的平台、网络与体系,各自发展既导致小而全、小而弱,又造成重复和浪费,完全可以整合在一起,办大文化。二是推进内部改革,激化服务活力。积极推进公益性文化单位内部人事、收入分配和社会保障制度改革,增

强活力,提高服务群众的能力和水平。三是引入竞争机制,调动社会资源。引入竞争机制,对重要公共文化产品、重大公共文化项目和公益性文化活动,采取政府招标、定向资助、采购服务、公办民营等多种方式,提高投资效益,增强文化活力。通过完善相关政策和法律法规,降低准入门槛,积极引导社会力量以多种方式参与公共文化建设。例如民办博物馆、美术馆、民间职业剧团、民营书店、文化中心户等。四是创新内容形式,增强文化魅力。当今时代,网络日益发达,文化日益丰富,人民群众的欣赏水平也在不断提高。要适应人民群众文化需求的新特点和审美情趣的新变化,不断推进文化内容形式的创新,推动不同艺术门类和文化活动相互融合,积极运用声、光、电等手段提高传统文化的表现力,实现题材体裁、风格流派和表现手法的多样化,不断增强公益性文化的吸引力和感染力。

第四节　公益性文化事业管理重点

一、完善文化事业政策

十六大以来,我国在构建公共文化服务体系方面出台了一系列政策措施,相关政策保障机制初步建立。但是与深化文化体制改革、推动社会主义文化大发展大繁荣的目标任务相比,这些政策还有很多不足,应进一步完善。

(一)完善政府投入保障政策

"十一五"时期财政支持文化事业发展成效显著,但从总体上看,政府对文化投入的增长幅度不适应社会经济发展的速度和人民群众不断增长的精神文化需求。

今后一个时期应继续加大政府投入力度,建立健全同国力相匹配、同人民群众文化需求相适应的政府投入保障机制。各级政府要将文化事业的发展纳入当地国民经济和社会发展的总体规划之中,统筹协调、合理安排。建立文化事业财政投入稳定的增长机制,保证公共财政对文化建设投入的增长幅度高于财政经常性收入增长幅度,提高文化支出占财政支出比例。增加公共文化服务体系建设资金和经费保障投入。以农村和基层、边疆民族地区、贫困地区为重点,优先安排涉及广大人民群众切身利益的文化项目,重点保障基层公共文化机构正常运转和开展基本公共文化服务活动所需经费,扶持公共文化机构的技术改造和设备投入。依法保障公共文化设施用地。中央、省、市三级设立农村文化建设专项资金,保证一定数量的中央转移支付资金用于乡镇和村文化建设。

(二)完善文化事业经济政策

对已有的支持文化体制改革、支持文化事业发展的经济政策进行修订或延续。进一步落实鼓励社会组织、机构和个人捐赠以及兴办公益性文化事业的税收优惠政策,依照法律法规给予捐赠者在企业所得税、个人所得税、进口关税和进口环节的增值税等方面的优惠。通过引导社会对公益性文化事业的投入,拓宽公益性文化事业资金来源渠道。

(三)完善资金监管制度,提高投入效益

保障所投入的资金用于发展公益性文化事业。明确公益性文化事业单位的功能定位,制定公共文化服务质量标准体系,建立健全以群众满意度为重要标准的公共文化服务绩效考评机制。

相关资料:

从国内公益文化事业的发展现状来看,历史上欠账太多。以公共图书馆数量为例,2010年底,全国共有公共图书馆2 860个,而2010年县级及县级以上行政区有3 223个,这意味着,至少还有363个县及县以上的行政区还没有图书馆。也就是说,在县级和县以上行政区还平摊不上一个图书馆。此外,严重缺乏的不仅是公共图书馆的数量,还普遍缺乏藏书等配套资源,这是因为经费严重缺乏。

经过数据比对发现,"十一五"期间财政增长的年均速度为21.3%,同期公共图书馆的年均增幅为7%,仅为财政年均增长速度的三分之一。

"十一五"期间,各级财政对文化的投入大幅度增加,从2006年的685亿元增加到2010年的1 528亿元,年均增长22.2%。但同期财政年均增幅是21.3%,说明前者仅比财政年均增幅略高不足一个百分点(0.9%)。

并且,过去五年财政对文化事业投入占财政全国收支的比重是下降的。2006年,各级财政对文化的投入占全国财政收入的比重是2.16%,到2010年降为1.839%。2006年各级财政对文化的投入占全国财政支出的比重是1.785%,2010年降为1.7%。尽管对文化的投入在增加,但财政收入和支出的增速更快。

2006—2010年五年期间财政文化投入年均增长22.2%,但同期财政对于一些行业和基础设施的投入倾斜力度都远远大于对公益性文化事业的投入。如铁路投资的年均增长是46%,城市交通是37.1%,水利环境和公共设施管理是28.7%,农林牧渔业是 37.7%。这说明财政对公益性文化事业投入的倾斜力度是很微弱的。

全国文化事业费主要是指日常运转费用。2010 年财政收入达 83 080 亿元,2010 年全国文化事业费为 322 亿元,只占 2010 年全国财政收入的 0.388%。2010 年财政支出是 89 674.16,亿元,全国文化事业费仅占财政支出的 0.359%,不仅比例非常小,而且比例还是显著下降的。2005 年全国文化事业费是 133.77 亿元,占财政收入的比重是 0.422%,2010 年则降到了 0.388%。再就是文化事业费的年均增幅也在下降:"十五"年均增长 19.8%,"十一五"增幅就降到了年均增长 19.24%,而且这个增幅还低于财政增幅两个百分点。①

还有一个数据,社科院文化研究中心和深圳市文化局合作的文化蓝皮书——《中国公共文化服务发展报告(2007)》,其中提到中央财政 2005 年的文化事业费仅占其支出的 0.39%,而 1985 年是 0.52%,1995 年是 0.49%。

从以上数据可以看出,我们重点发展的还是基建,向基建投资的倾斜力度远远大于财政文化投入的力度。这说明,今后最重要的事情不是一般地强调公益性文化事业的重要性,而要把这种认识落实到行动中去,主要是大幅增加财政对文化事业的投入,特别是增大这种投入在整个财政收支中的比重。

二、完善公共文化产品市场

公共文化产品作为公共文化服务体系的重要组成部分,对于保障公民文化权利的实现具有十分重要的意义。对于处于转型期的我国各级政府来说,如何完善公共文化产品市场从而

---

① 《东方早报》:《学者解读十七届六中全会》,2011 年 10 月 21 日。

有效地提供公共文化产品将在很大程度上决定着公共文化服务体系的完善。

(一)提高公共文化产品和服务供给能力

加快构建公共文化服务体系,必须多生产群众买得起、用得上的文化产品,多提供百姓喜闻乐见的文化服务。提高公共文化产品和服务供给能力要把握好几个关键环节:一是扩大公共文化设施的覆盖范围。加强社区公共文化设施建设,把社区文化中心建设纳入城乡规划和设计,拓展投资渠道,使公共文化服务更好地向城乡基层末梢延伸。二是促进公共文化服务供给的市场化和社会化。引导和鼓励社会力量参与公共文化服务,构建贯通城乡的文化产品流通网络,实现由文化系统的"内循环"到市场和社会"大循环"的转变。三是加强公共文化设施的使用和管理。坚持项目建设和运行管理并重,统筹规划和建设基层公共文化服务设施,完善配套措施,保障正常运行,着力创建一批结构合理、发展平衡、网络健全、运行有效、惠及全民的公共文化服务体系示范区,制定公共文化服务指标体系和绩效考核办法。

(二)充分发挥市场机制在组织公共文化产品中的作用,努力健全现代文化市场体系

要加快发展各类文化产品和要素市场,打破条块分割、地区封锁、城乡分离的市场格局,构建统一开放、竞争有序的现代文化市场体系,促进文化产品和要素在全国范围内合理流动。要重点发展图书报刊、电子音像制品、演出娱乐、影视剧、动漫游戏等产品市场,进一步完善中国国际文化产业博览交易会等综合交易平台。发展连锁经营、物流配送、电子商务等现代流

通组织和流通形式,加快建设大型文化流通企业和文化产品物流基地,构建以大城市为中心、中小城市相配套、贯通城乡的文化产品流通网络。加快培育产权、版权、技术、信息等要素市场,办好重点文化产权交易所,规范文化资产和艺术品交易。加强行业组织建设,健全中介机构。

(三)完善文化产品评价体系和激励机制

坚持把遵循社会主义先进文化前进方向、人民群众满意作为评价作品最高标准,把群众评价、专家评价和市场检验统一起来,形成科学的评价标准。要建立公开、公平、公正的评奖机制,精简评奖种类,改进评奖办法,提高权威性和公信度。加强文艺理论建设,培养高素质文艺评论队伍,开展积极健康的文艺批评,褒优贬劣,激浊扬清。加大优秀文化产品推广力度,运用主流媒体、公共文化场所等资源,在资金、频道、版面、场地等方面为展演、展映、展播、展览弘扬主流价值的精品力作提供条件。设立专项艺术基金,支持收藏和推介优秀文化作品。加大知识产权保护力度,依法惩处侵权行为,维护著作权人合法权益。

三、完善法律制度

法律是权利的保障书,是制度建设的根本。公益性文化事业是现代文明社会中获得基本法律保护的领域。完备的立法和有效的执法是保证公益性文化事业发展的有力途径。改革开放以来,我国的文化立法工作有了初步成效,在公益性文化事业的某些部门已初步建立了相关的法律规章,有力地保证了文化事业的发展。但从整体上看还不够完善,而且缺少针对公益性文化行业特色、发展现状和规律的法律制度。因此,完善文化法律制度,是发展公益性文化事业,切实保障广大人民群众公共文化服务需求的迫切需要。

(一)建立健全相关法律法规

立法是保障公益性文化事业健康发展的根本手段。目前学术界应积极研究西方国家文化法制理论与实践的经验教训,从中汲取有利于我国文化法制发展进步的养分,加快文化立法,建立健全文化法律法规体系,制定和完善公共文化服务保障方面的法律法规,将文化事业建设的重大政策措施适时上升为法律法规。加强地方文化立法,提高文化建设法制化水平。为文化事业的繁荣发展提供法律依据和法制保障。同时应当进一步转变文化管理观念,逐步实现文化事业领域的管理由政策和行政命令为主向以法律手段为主、法律手段与传统手段相结合的新型管理方式的转变。

(二)加大执法力度,规范执法行为,提高执法水平

制裁违法犯罪活动是文化事业健康发展的保证。运用法律手段可以调节文化活动中各种因素的关系。首先应建立科学的、统一的文化市场执法体制,培育高素质的文化法制监察和管理干部队伍,加大执法力度,通过文化执法、司法,对传播精神垃圾、破坏公共文化设施、倒卖文物等违法犯罪活动加以控制,使公民合法的文化权利得到保护。其次要明确执法人员资格条件,加强文化行政执法人员培训工作,规范执法行为,提高执法水平,加强执法监督。

四、提高社会化参与程度

近年来,我国对公益性文化事业的投入逐年上升,公共文

化服务设施建设取得重大发展,服务方式不断改善,公共文化服务体系初步形成。但随着社会的进步、经济的发展,人民群众的精神文化需求也在日益增长,长期以来,以公共文化事业单位为主的文化产品供给体系已经不能适应新时期公共文化服务体系建设的需要,社会化参与程度亟需提高。今后一个时期,要加快建立社会力量赞助文化事业的规范、畅通、经常性的渠道,在政府继续加大财政投入的同时鼓励扶持社会力量捐助和兴办公益性文化事业,逐步形成以公共财政投入为主、社会投入为辅的多元化投入与运行机制。

(一)推进制度创新,鼓励社会力量参与

应尽快放宽准入门槛,构建平等准入的环境。进一步完善相关政策,为民办公益文化机构在财税、人事、职称等方面提供政策支持和法律保障,激发社会投资的积极性。鼓励社会力量通过兴办实体、资助项目、赞助活动、提供设施等形式参与公共文化服务,拓宽公共文化建设投入渠道,实现资金筹集多元化、社会化。

(二)积极推进文化市场开放

在确立政府主体地位和主导作用的前提下,应加快推进文化市场的开放。凡法律未禁止的公共文化服务领域,应在平等竞争的市场环境下对社会民间资本开放,吸引社会投资,发挥非政府组织的优势,提高公共文化产品的数量和质量。推动建立政府文化采购制度,凡是可以通过购买提供的公共文化服务,在不影响该项服务稳定供给的前提下,采取政府"花钱买服务、养事不养人"的办法,通过社会不同主体的参与降低公共文

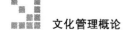

化服务的成本,提高公共文化服务的质量。

思考题:

1. 我国公益性文化事业管理包含哪些内容?

2. 我国公益性文化事业管理的重点有哪些?

3. 如何更好地管理公益性文化事业以促进其协调发展?

第四章　文化产业管理

【内容提要】本章共四节。第一节介绍文化产业的定义、内涵与特点。第二节介绍我国文化产业发展现状。第三节介绍文化产业管理的内容与分类。第四节介绍文化产业管理重点。

【关键词】文化产业　文化产业现状　文化产业管理

第一节　文化产业概述

文化产业是以知识为基础、以服务为手段的新兴行业,它具有高知识性、高附加值和新组织方式、新营销模式等特征,与高科技性、新兴性和现代生产、生活方式密切相关,是现代服务业的重要组成部分。

一、文化产业定义

不同国家及组织对文化产业的称谓和定义各不相同。联合国教科文组织把文化产业界定为:按照工业标准生产、再生产、储存以及分配文化产品和服务的一系列文化活动。欧盟在其 2000 年的信息规划中把文化产业界定为"内容产业"(Content Industries),它指的是"制造、开发、包装和销售信息产品及其服务的产业"。我国台湾对文化产业的定义为:"源于创意或文化积累,通过智慧财产之形成及运用,具有创造财富与就业机会的潜力,并具有培育全民美学素养,使国民生活环境得以提升的产业"。随着文化产业在世界范围内兴起,在西方主要发达国家中,文化产业在国民经济中所处地位日渐重要,已经成为重要支柱产业。文化产业在国民经济中地位的提高,促使各国政府结合本国实际,对文化产业的范围进行界定。

在我国,文化领域长期以来是作为非经济的意识形态,是一种"事业"而非产业,文化产业的提出还是近十年的事情。党的十六大报告正式将文化事业和文化产业加以区分,二者的功能日渐明确。我国国家统计局 2004 年发布的《文化及相关产业分类》和《文化及相关产业指标体系框架》两个文件,将文化产业定义为:为社会公众提供文化、娱乐产品和服务的活动,以及这些有关活动的集合。根据国家统计局的界定,文化产业的行业范围横跨多个政府管理部门,涉及第二、三产业,覆盖了现行国民经济行业分类中的八十个中小类。按照《文化及相关产业分类》,将我国文化产业划分为九大类行业,若以各行业与文化的联系紧密度而论,文化产业又被分为:1. 核心层,包括:(1)新闻服务。(2)出版发行和版权服务。(3)广播、电视、电影服务和文化艺术服务。2. 外围层,主要包括:(1)网络文化服务。(2)文化休闲娱乐服务。(3)其他文化服务,如广告、会展等新兴文化产业。3. 相关文化服务层,主要包括:文化用品、文化设备、文化产品的生产和销售。这三个层次的关系如下图:

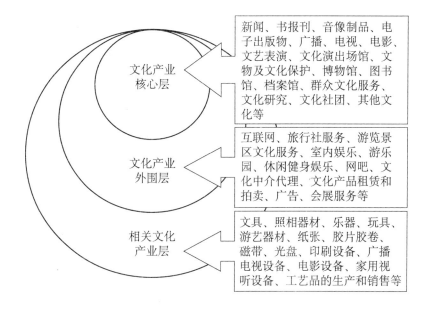

二、文化产业的内涵

　　虽然不同地区文化产业概念在内涵和外延上都略有不同，但是，在文化产业背景下，这些概念的本质特征是一致的。外延包括了核心层、外围层和相关层，一般在核心层和外围层都是一致的。第一，相对于个人创意和创意阶层，它是一种智慧产业、知识产业、版权产业和审美产业，是对本地传统文化的艺术创新；第二，相对于现代高新技术和新媒体，它是一种传媒产业和内容产业，可以大规模复制和批量化生产，具有集聚效应；第三，面向现代市场和国际市场，它意味着规模化的文化市场和文化消费；第四，它要求做到产品经营与企业经营相结合、产业经营与资本经营相结合，要把短期、零散的项目利润经营提升到长期、整体的企业价值经营。

　　在欧盟、日本、韩国等国家和地区，还常常使用另外一个与文化产业非常接近的概念"内容产业"。内容产业（Content Industry)又叫数字内容产业(Digital Content Industry,我国台湾译为"数位内容产业")。数字内容产业的概念出现于 20 世纪 90 年代中期。指利用数字化手段和信息技术提供图像、文字、影像、语音等内容服务的产业,其范围包括移动内容、互联网服务、游戏、动画、影音、数字出版和数字化教育培训等多个领域。

内容产业与文化产业的概念在内涵上有密切的联系,在外延上有相当多的交叉。

从内涵上看,文化产品的核心价值是其产品具有的精神内涵,即内容。内容的生产是文化产业的核心层,图书、影视、文艺作品等形式各异的文化产品都因其内容而有价值,因此也可以称之为内容产品。

从外延上看,随着数字技术和信息技术在内容产品生产、传播和消费上的应用,文化产业的核心层与数字内容产业有日益复合的趋势。数字动漫、数字影视、数字音乐、电子游戏等一大批产业门类既是文化产业的一部分,又是数字内容产业的一部分。

三、文化产业的特点

文化产业作为按工业化标准进行的文化生产除了具有一般产业的共同属性之外,也有其自身鲜明的特点。

1. 满足大众精神消费需求,具有商品和公共品双重属性

党的十七届六中全会提出,发展文化产业是社会主义市场经济条件下满足人民多样化精神文化需求的重要途径。要不断满足群众日益增长的精神文化需求,必须加快发展文化产业,使其成为经济发展的核心推动力,这既是发展文化产业的客观要求,也是发展文化产业的基本方针。

文化产品是一种以提升人们精神生活为目的的特殊产品，它包括精神和物质两种形态。因此，文化产品既具有商品的一般属性，也具有公共品的特殊性。文化生产作为一种特殊的商品生产，无论内容还是形式，都兼有精神和物质的双重性，受价值规律与文艺规律双重支配。"科学、艺术等，都不过是生产的一些特殊形式，并且受生产的普遍规律的支配。"因此，文化的生产、分配、交换、消费必然遵循商品生产的普遍规律，即价值规律，接受价值规律的调节。同时，文化艺术作为人类的精神行为，它所追求的是传达生产主体的审美价值，满足人们精神上的独特需要，必然受到文化艺术作为精神行为的固有规律的深刻影响。价值规律和文化艺术自身内在规律的共同作用，构成了现代文化生产的全部运动。在这个过程中，一切违背规律的生产或者可能引导不正当文化消费的生产，都将经过社会的选择而被控制，如当今世界除个别国家（如丹麦）外，都限制色情淫秽物品的生产；而一切遵循规律生产或者有助于规律充分发挥作用的生产、引导正当文化消费的生产，都会得到社会的响应。

随着物质生活的日益改善和精神生活的日益丰富，人民的精神文化需求和消费正进入一个空前旺盛的时期，文化产业同时也迎来了发展的黄金时期。

2. 文化产业是现代服务业的重要部分

文化产业属于现代高端服务业的范畴。现代服务业是文化价值含量最高的产业，只有当文化成为现代服务业的灵魂和运营内涵时，服务所创造的价值才能倍增。文化产业既是现代服务业，又是以创造无形资产为主的新产业，成为发展现代服务业的"引擎"。

加快发展现代服务业,是扩大内需、更好实现自主发展的有效途径,要优化产业结构,就要加快现代服务业的发展。文化产业带动产业结构提升,让产业向"轻量级"的服务型转变。文化与服务业的结合,对相关产业带动值比例是成倍跃升的,更大的意义还在于对产业结构优化将起到很大的助推作用。

3. 文化产业是绿色、环保、低碳的朝阳产业

文化产业具有低投入、低消耗但收益高的特性,因此又被称为"绿色产业"。

文化产业以非物质文化资源为加工对象,为市场提供文化意义消费,对自然资源依赖程度低,需求弹性大,产品附加值高,价值链长,是典型的绿色经济。由于文化产业是绿色产业、环保产业,文化产业在 GDP 中所占比重的提高对经济结构调整、节能环保都具有积极意义。文化建设在满足人民群众的精神文化需求上已经显现出了越来越大的作用。

由于文化产业属于典型的绿色、环保、低碳的"无烟工业",在发展理念、行为模式上与建设环境友好型和资源节约型社会的战略目标具有同构的关系。借助于文化产业的"无烟"生产和绿色消费不仅能够最大限度满足人的发展需要,实现"两型社会"建设中绿色发展、清洁发展和效率发展的目标,从根源上遏制物质生产过程中资源枯竭和环境恶化给人类带来的威胁,而且能与"两型社会"所要求的循环经济、生态经济、环保经济结合在一起,借助高新技术和文化创意促进产业的整合和升级,使文化产业实现规模扩张和效益裂变,在转变经济发展方式的同时重建人与自然的良性关系。

4. 文化产业吸纳高层次就业能力强

随着我国文化产业的发展,文化产业提供了越来越多的就

业机会。例如 2004 年 12 月，劳动和社会保障部发布了十个新职业，2007 年 8 月上海市劳动和社会保障局公布十五个行业被正式确定为新职业。这两次公布的新职业，其中涉及文化产业的占相当大的比例。

由于文化产业属于知识经济，因此对人才的文化素质有更高的要求。文化产业人才要能够适应当前社会、经济和文化发展的要求，具备较高的文化艺术修养和创新能力。文化产业发展需要大量能够将专业知识和其他领域的知识相联系，并能综合运用的善于开拓文化新领域的拔尖创新人才、掌握现代传媒技术的专门人才、懂经营善管理的复合型人才、适应文化走出去需要的国际化人才这些高层次人才。

而我国文化产业的快速发展和广阔的发展空间对高层次人才创办文化企业，财经、金融、科技等领域的优秀人才进入文化产业领域，以及对海外文化创意、研发、管理等高端人才回国创业也具有很大的吸引力。

5. 文化产业具有巨大持久的社会影响力

随着文化进出口贸易的快速发展，文化产业在拓宽和提升中华文化在海外传播方面的作用日益增强，成为文化"走出去"的重要力量。文化产业参与国际文化市场的竞争，用现代的表达手法推出中国特色文化产品的品牌和创意，体现"中国元素、国际表达"，提升了我国文化的国际影响力。

目前，我国文化产业发展恰逢大力实施中华文化"走出去"、创新"走出去"模式的战略机遇期。要增强中华文化的国际影响力和竞争力，构建具有强大传播能力的覆盖广泛、多语种、受众广、信息量大的文化传播体系，就要发挥文化的独特作用，发挥文化产业外向型文化企业优势，打造具有重要影响力的国际文化交易平台和具有核心竞争力的知名文化品牌,传播中华文化理念和独特的民族文化,塑造新时期"文化中国"新形象,增强中华文化的影响力和竞争力。

6. 文化产品具有永久价值

文化产品具有超时空性与价值的增值性,具有永久性的精神价值。

一般物质商品消费是一种纯粹的价值耗尽,一双鞋大多能穿一两年,一幢房大多能用几十年。而优秀的精神产品则具有永久的魅力,为历代消费者所共享。例如,中国古代的《诗经》与唐诗宋词以及古希腊的神话、史诗等至今仍为人们所喜爱。作为超时空的价值载体,文化产品具有其他财富不可比拟的保值增值性,甚至连货币也在它的面前黯然失色。这一点从艺术品拍卖价格的一路攀升中可见一斑。

人们对文化产品的消费主要是在符号和形式层面进行的,人们对文化产品所采取的是静观或者默赏,而不是物质性消费中的占有和消耗。因此,文化产品并不因为一个人的欣赏而有所消耗和损失。比如一幅名画,既可以被自己反复欣赏,也可以和他人共享,但是一个水果被自己消耗掉后,就难以反复利用了。即使最精美的衣服,穿破了,也只好丢掉;高档汽车,年月一久也会腐蚀烂掉,价值也不再存在了。但是文化产品被消耗掉的往往是它的物质载体,而它的符号价值却可以不断附加到其他形式上获得再生。

7. 文化产业具有低复制以及高风险特点

任何产业的发展都有风险。与其他产业相比,文化产业的风险性更强。一方面,由于文化产业的意识形态属性,国家和政府必然对文化产业加以规制,从而为文化产业的发展带来政策风险。另一方面,随着信息化时代的到来,加快了人们的生活节奏,使人们对文化产品的需求越来越难以把握。一种艺术性的创意能否转化为消费者喜闻乐见的文化产品和服务,往往取决于能否适应这种快速变化的社会。一种文化产品还没有完全流行,另一种全新的文化产品就已经出现,文化产业的经营风险加剧。同时,文化产业还面临盗版的侵蚀。信息化技术在为文化产业插上信息化翅膀的同时,也提高了盗版的技术水平,盗版产品的逼真度越来越高,消费者几乎不可能辨别。文化产业经营者不得不承担由此带来的经营风险。

电影、音乐、游戏等文化产业,制作成本很高,而一旦母带制作成功,复制起来价格却极低,成功的文化产品往往具有丰厚的回报。因此,知识产权保护对文化产业来说具有特别的意义。文化产业的这种生产时的高成本和再生产时的低成本特性也意味着,某种文化产品一旦为市场所接受认可,其收益将是巨大的,足以弥补之前创作所花费的成本。

文化产业的高风险性还来自于消费者对文化商品的主观评价是极其多变且不可预测的,文化产品制作成本很高,而文化消费又具有不确定性,因此,即使是投入巨大的人力、物力和财力来进行制作、营销文化产品,也有可能不被消费者认可,而一些本不被看好的文化商品却有可能广受欢迎。

第二节　我国文化产业发展现状

随着党和国家高度重视文化产业发展,以及文化体制改革的深入推进,文化产业从小到大,呈现蓬勃发展态势,整体规模和实力快速提升。文化产业不仅成为经济发展新的增长点,也是经济结构战略调整的重要支点、转变经济发展方式的重要着力点,在繁荣社会主义文化、满足人民精神文化需求、创造就业机会、优化产业结构、加快转变经济发展方式、提高国家文化软实力等方面发挥着越来越重要的作用。

一、我国文化产业发展现状

(一)产业体系初具规模

根据国家统计局公布的数据,2010 年我国文化及相关产业(以下简称文化产业)法人单位增加值达到 11 052 亿元,占国内生产总值的比重达 2.75%。文化产业结构继续优化,文化服务业增加值占文化产业法人单位增加值的 53.7%。

2004 年以来,我国文化产业快速发展。2004—2008 年间,文化产业法人单位增加值年均增长 23.3%,高于同期现价 GDP 年均增长速度近 5 个百分点;2008—2010 年间,文化产业法人单位增加值年均增长 24.2%,继续较大幅度地高于同期 GDP 的现价年均增长速度。分单位类型看,2010 年文化产品制造单位实现增加值 4 391 亿元,比上年增长 23.5%;文化产品销售单位实现增加值 638 亿元,增长 22.2%;文化服务提供单位实现增加值 5 937 亿元,增长 27.9%。2010 年,文化产业法人单位增加值占国内生产总值的比重为 2.75%,比上年提高 0.18 个百分点,比 2004 年提高 0.81 个百分点。文化产业增加值在国内生产总值中的比重稳步提高。

近年来,文化产业的结构不断优化。2010 年,文化服务提供单位的增加值占文化产业法人单位增加值的 53.7%,比 2004 年增加 13.7 个百分点;而文化产品制造单位、文化产品销售单位的增加值占文化产业法人单位增加值的 39.7%和 5.8%,比

2004 年分别下降 8.0 和 4.8 个百分点。① 同时,涌现出一批总资产和总收入超过或接近百亿元的大型文化企业,成为文化产业领域的领军力量。

(二)经济效益大幅提高

2008 年我国文化产业法人单位主营业务收入为 26 802 亿元,比 2004 年增加 10 577 亿元,增长 65%;文化服务企业法人单位的营业利润为 981 亿元,比 2004 年增长 5 倍多;规模以上文化产品生产企业的利润总额为 592 亿元,比 2004 年增长 110%;限额以上批发零售企业的利润总额为 113 亿元,比 2004 年增长 40%。

(三)文化体制改革取得成效

随着文化体制改革的不断深入,文化产业经营性单位数量明显增加,新兴文化服务业得以快速发展,大量骨干文化服务企业涌现。

截止到 2008 年底,共有文化经营性单位 38 万个,占全部文化法人单位的 82.6%。与 2004 年相比,经营性单位数量增加 13 万个,增长 52%,所占比重提高近 4 个百分点;经营性单位从业人员数增长 14%,资产增长 55%,主营收入增长 65%,增加值增长 132%。

属于文化产业"外围层"的娱乐文化服务、旅游文化服务、广告服务、会议及展览服务、网吧等新兴文化服务行业发展迅猛。与 2004 年相比,2008 年我国文化产业"外围层"法人单位

---

① 中华人民共和国人民政府网:《2010 年我国文化产业法人单位增加值为 11052 亿元》,2011 年 9 月 17 日。

数增长 89%,从业人员数增长 61%,资产增长 103%,主营收入增长 150%,增加值增长 248%。

2008 年,在文化服务企业中,资产和营业收入超过 1 亿元的分别有 1 582 家和 977 家,分别比 2004 年增加 587 家和 512 家。近年来涌现出的骨干文化服务企业多为广告、传媒、电视网络公司、出版和报业集团、影视制作等行业的大型企业和集团化经营单位。

(四)非公资本比重上升

以公有制为主体、多种所有制共同发展的投资主体多元化的产业格局进一步得以巩固。在文化经营性单位中,2008 年实收资本 83 238 亿元,其中公有资本与非公有资本之比为 47.5:52.5,其中,非公有资本所占比重与 2004 年的 51:49 相比有所上升。鼓励和引导非公资本进入文化产业的政策效果明显。在充分发挥国有资本在文化领域的主导作用同时,积极调动了全社会力量参与文化建设。

(五)私营单位发展较快

2008 年文化私营单位(包括私营独资、私营合伙、私营有限责任和股份有限公司)已达到 29.9 万家,占全部内资单位数的三分之二;从业人员数达 400 万人,超过全部内资单位从业人员的半数;在内资单位中,私营单位拥有 37.7% 的资产,创造了 42% 的增加值,实现近半数营业收入。与 2004 年相比,私营单位数量增加 13 万家,增长 78%;从业人员增加 140 万人,增长 54%;资产增加 4 569 亿元,增长 140%;主营业务收入增加 5 442 亿元,增长 144%。①

(六)国家支持文化产业发展的政策力度加大

2011 年,中央从政策层面赋予了文化产业以历史性定位。十七届六中全会明确"推动文化产业成为国民经济支柱性产业",并提出明确目标到 2015 年文化产业占 GDP 的比重将达到 5%。十七届六中全会召开之后,财政、金融、保险各方面支持文化产业的政策纷纷出台,引来政策面的"大释放"。

总体来看,有关部门出台的多项与文化产业相关的政策措施和扶持手段,表现出定位清晰、方式创新,以及呈现体制化、系统化的特点,即不再以单一的扶持手段为主,而是以构建全面的服务体系为重点,通过制定政策、创造环境、搭建平台相结合的方式,创新推动和扶持文化产业发展。

二、我国文化产业发展中存在的问题

我国文化产业在快速发展的同时,还面临着一些突出问题:文化产业规模不大、结构不合理,束缚文化生产力发展的体制机制问题尚未根本解决,文化产业在调结构、促增长方面的作用尚待进一步发挥。从整体上看,中国文化产业仍处于起步、探索、培育、发展的初级阶段,与西方发达国家相比,无论是在规模、质量上,还是在机制、效益上,都存在较大差距。

(一)我国文化产业的有效供给严重不足,总量上供需缺口较大

据统计,2010 年我国文化消费总量在 1 万亿元左右。根据

---

① 中国文化产业网:《国家统计局:2008 年我国文化产业发展情况的报告》,2010 年 5 月 18 日。

国际经验,按我国目前人均 GDP 4 500 美元测算,文化消费总量应在 5 万亿元左右。这 4 万亿元缺口与我国当前高速发展的经济不相适应,也制约了人民群众精神文化生活水平的提高。[①]在"十二五"期间,文化产业要成为国民经济支柱性产业,需要大幅度提高文化产品和服务供给能力。

(二)区域发展不均衡问题突出

国家统计局公布的数据显示,文化产业的地区分布与经济发展格局基本相同,呈现东高西低的态势。

从文化产业单位数量、从业人员数和拥有资产的地区分布看,东部地区分别占全部的 66%、69% 和 78%,远高于中西部地区;从收入情况看,东部地区的营业收入占全部的 82%,而中西部仅占 18%;从实现的增加值看,东部占 74%、中西部占 26%;从对 GDP 的贡献看,东部地区实现的增加值占 2.56%,中西部地区分别为 1.28% 和 1.35%。

省际间文化产业的发展尤为不平衡。文化产业从业人员数超过 50 万人的有广东、浙江、山东、江苏、北京和上海,六省市占全国文化产业从业人员的 56%;年营业收入超过 1 000 亿元的有广东、上海、北京、山东、江苏和浙江,六省市占全部收入的 72%;实现增加值超过 100 亿元的有广东、北京、山东、浙江、上海、江苏、福建、湖南和河南,九省市占全国文化产业增加值的 73%。文化产业增加值占 GDP 的比重高于全国水平的有北京、广东、上海、福建和浙江。这些数据表明,我国文化产业区域发展不均衡的问题突出。东部地区经济发达省份的文化产业发展规模以及创收能力大大高于中

---

① 中国新闻网:《发挥"金融引擎"作用加快文化消费市场开发》,2011 年 11 月 18 日。

西部地区，文化产业发展的地区差距大于 GDP 的地区差距。[①]

(三)法律保障机制不完善

目前，我国的文化产业法规体系还不完善，诸如民间资本和外来资本所关注的法律地位、权益保护、退出机制等核心问题都还没有得到很好的解决；此外，国家对文化事业的管理主要依靠政策号召和行政措施，而缺乏用法制手段引导、保障文化建设和文化活动的顺利进行。

(四)存在"唯 GDP 倾向"

推动文化产业成为国民经济支柱性产业，并不是一味强调提高文化产业占 GDP 的比重，否则很容易带来一些负面影响，如热衷于追求规模和数量的增长，导致数量与质量失衡、规模与效益失衡；混淆文化产业与一般产业的区别；误导人们只重视文化产业创造的经济效益，忽视其社会效益，等等。应充分考虑文化产业发展特点，借鉴其他支柱性产业发展的规律和经验，针对其中存在的主要矛盾、突出问题、薄弱环节采取有针对性的措施。

第三节　文化产业管理

文化产业管理涉及多个方面，从管理范围来看可以大致分为宏观、中观和微观三个层面。所谓宏观管理，即以国家为主体，各级政府对文化产业进行的宏观管理和调控。其基本任务

---

① 戴廉:《我国摸清文化产业家底》，载《瞭望新闻周刊》2006 年第 22 期，第 34—35 页。

是,制定国家文化产业发展战略,保持产业供需基本平衡,促进产业结构优化,监督管理文化市场,引导文化产业的持续、快速、健康发展。中观管理,即对不同区域、不同行业间的文化产业的协调与管理,主要由各级地方政府实施,包括区域性文化产业的布局与发展规划、文化资源的保护与开发、国家相关政策执行情况的落实与监督等。微观管理则主要是指以文化企业为主体的企业管理,包括企业的发展战略、计划、组织、领导、生产、营销及与外部的合作等。本节主要介绍文化产业的宏观管理和中观管理的主要内容。

一、文化产业意识形态管理

文化具有社会导向功能和明显的意识形态特征,因此,文化产业的意识形态属性要求文化产业的发展要受到政府意识形态管理的制约。作为意识形态的文化产品,是一定社会的政治和经济的反映,它反过来又对一定社会的政治和经济产生巨大的作用和影响。文化产业生产的文化产品为大众提供了丰富多彩的精神内容,同时也为大众提供价值判断的尺度。无论是没完没了的电视节目,还是路边的商业灯箱广告,只要你的思维意识在活动,就会不断有价值观念、评判尺度向你传来。电视剧宣传的生活理念,广告牌树立的消费导向,以及大量的行为本身推动着意识形态的演变,文化产业往往从个别词语、一件商品开始征服人们的心理空间,置换价值尺度。意识形态的管理成为一种双向的选择过程。政府对于意识形态的管理已经不能延续过去的简单手段,而是已成为政府与大众市民阶层的一种互动,这是对文化控制权的争夺、妥协和协调。

因此,文化产业意识形态管理应采取政府规制、管理和调节的模式,通过政府的积极引导和对文化产业的政策规范和有效监督,协调主流文化意识形态与大众文化的关系,引导积极向上的先进文化的建设,将优秀文化产品的生产与先进文化建设相结合。此外,还可以通过政府对有关市场的准入和文化例外原则的运用来保护本国本民族的文化,进而通过扶持和激励政策,鼓励本国优秀文化产品和服务的输出。应在坚持"二为"方向和"双百"方针,坚持"弘扬主旋律,提倡多样化"的前提下,建立符合文化发展规律的文化生产机制,建立符合市场经济规律的文化选择机制,实现以先进文化为指导、体现社会主义核心价值观和保护国家文化安全的管理目标。

二、文化产业知识产权管理

在知识经济条件下,文化产业作为一个新兴产业,它的发展需要紧密地依赖知识产权保护。文化产业,不论是从广义而言,还是从狭义而言,都与知识产权有着极为密切的关系。从本质上讲,文化产业是以版权产业为核心的、提供精神产品的生产和服务的产业。狭义的文化产业,就是指版权产业,包括出版发行业、新闻业、广播影视业、网络服务业、广告业、计算机软件业、信息及数据服务业等。广义的文化产业,除了版权产业以外,还包括艺术创作业、艺术品制作业、演出业、娱乐业、文物业、教育业、体育业、旅游业等。

知识产权法律制度是发展知识经济的重要法律保障,是知识经济时代将智力资源作为第一要素进行资源配置的法律条件,是知识经济实现资产投入无形化的基础;知识产权保护的水平,是反映和衡量知识经济发展水平的重要标尺。因此,知识产权法律制度将成为知识经济时代法律体制的核心是毫无疑问的。

我国目前的文化产业知识产权保护体系是以立法保护为核心的保护体系。立法保护中的"法"不仅仅包括我们经常提到的法律、法规及相关司法解释,还包括我国参加签署的一些国际条约和公约。1982年我国出台第一部知识产权法律《商标法》,标志着我国的知识产权保护制度开始建立,之后相继出台了《专利法》、《著作权法》、《计算机软件保护条例》以及根据 WTO 规则制定的《反垄断法》等多部保护知识产权的法律。但是,由于我国知识产权保护起步晚,立法技术落后,在文化产业的保护上还明显存在着疏漏之处,需要司法机关继续完善我国知识产权法律体系,为文化产业的健康、快速发展提供有力保障。

三、文化产业的投融资管理

文化产业投融资是指在特定的经济与文化制度环境中,通过文化经济政策的规范以及国家文化投入的引导,将社会资本配置到文化产业中,以期实现文化创意产业的健康、快速发展和产业结构优化的经济活动。文化产业投融资是随着我国文化产业的发展而兴起的。在经济体制改革以前,我国的文化产业投资基本上由国家包办。随着经济体制和文化体制改革的不断深化,特别是随着我国加入 WTO,文化产业的投融资主体已呈多元化趋势。

由于文化产业所提供的文化服务产品具有意识形态性,对社会的稳定和发展具有强大的影响力,国家必须把其中一部分纳入公共产品的生产范围,由国家财政资金支付和补偿其劳动耗费。对于这一部分文化产业的发展,政府起着投资主体的作用。另一方面,在市场经济体制下,文化产业中为满足居民个人文化消费的需要而提供的生产和服务,逐步作为商品进入市场,实现产业化发展。对于条件尚不成熟、暂时无法在市场中独立生存的文化产业,国家财政需要继续投入资金进行扶持,同时发挥财政资金的导向作用,制定相关的税收优惠政策,吸引社会资金加大对文化产业的投入。对于已经在市场中立足,并具有广阔发展前景的产业,则给予相应的财政优惠政策,帮助其拓展空间,实现快速、良性增长。

政府对文化产业投资的管理主要是通过完善的法律和法规体系,以及各项经济和行政政策来调控。通常,在以市场为主导、投资主体多元化的环境下,政府并不直接对投资进行干预,而是通过财政、金融和产业政策进行调控。

为改进和提升对我国文化产业的金融服务,支持文化产业振兴和发展繁荣,2010 年 3 月 26 日,中国人民银行会同中宣部、财政部、文化部、广电总局、新闻出版总署、银监会、证监会和保监会等九部委联合发布了《关于金融支持文化产业振兴和发展繁荣的指导意见》。《指导意见》是近年来金融支持文化产业发展繁荣的第一个宏观金融政策指导文件。推动符合条件的文化企业上市融资、支持文化企业通过债券市场融资。文化企业的发展可以通过发行股票、债券或者进行社会集资等直接融资方式来获取资金;也可以通过流动资金贷款、固定资产贷款、房地产开发贷款、项目贷款、国际财团、出口信贷等间接融资方式来解决资金短缺的问题。随着中共十七届六中全会审议通过《中共中央关于深化文化体制改革、推动社会主义文化大发展大繁荣若干重大问题的决定》,文化产业得到了前所未有的重视和政策支持,已成为国家战略发展的重要组成部分,必将给整个文化产业带来重大发展机遇,解决目前我国文化产业投融资不足的发展困境。

四、文化产业的人力资源管理

文化产业人力资源管理有如下几方面内容:人力资源的规划、招募、培训、开发、薪资报酬管理、激励管理、绩效管理、工作环境管理、企业文化管理。从政府宏观层次上讲,政府要对文化产业发展整体人力资本在总量和结构上进行分析与规划,并由此形成政府的人力资本投资规划和政策。而政府人力资源管理就是通过政策和资金投入,引导社会人力资本的投资方向以及区域和产业间人力资本的流动。政府根据人力资本的规划,制定相关人力资本的投资优惠政策,通过对教育、医疗、保险和科研等相关领域的投资政策和相关制度的构建,以及相关人才流动市场的体系完善,形成促进文化产业发展的人才培养的良好环境。

造就高层次领军人物和高素质文化人才队伍。遵循文化发展规律和人才成长规律,建立和完善有利于优秀人才健康成长和脱颖而出的体制机制,加快构建一支门类齐全、结构合理、梯次分明、素质优良的宣传思想文化工作者队伍。继续实施"四个一批"人才培养工程和文化名家工程,建立重大文化项目首席专家制度,造就一批人民喜爱、有国际影响的名家大师和民族文化代表人物。加强专业文化工作队伍、文化企业家队伍建设,扶持资助优秀中青年文化人才主持重大课题、领衔重点项目,抓紧培养善于开拓文化新领域的拔尖创新人才、掌握现代传媒技术的专门人才、懂经营善管理的复合型人才、适应文化走出去需要的国际化人才。完善相关政策措施,多渠道吸引海外优秀文化人才。积极支持高层次人才创办文化企业,完善实施知识产权作为资本参股的措施,实施扶持创业优惠政策。落实国家荣誉制度,抓紧设立国家级文化荣誉称号,表彰奖励成就卓著的文化工作者。

建立完善文化人才培训机制。建立健全分类培训宣传思想文化人才体制机制,制定实施各类人才培训计划。创新人才培养模式,实施高端紧缺文化人才培养计划,搭建文化人才终身学习平台。依托党校、行政学院、干部学院、高等学校、职业院校、定点大型企业,发挥人民团体的作用,加强文化人才政治素养和道德素质教育,开展任职培训、岗位培训、业务培训、技能培训。完善人才挂职锻炼、调研采风、国情考察制度。完善人才培养开发、评价发现、选拔任用、流动配置、激励保障机制,深化职称评审改革,为优秀人才脱颖而出、施展才干创造有利制度环境。重视发现和培养社会文化人才。对非公有制文化单位人员评定职称、参与培训、申报项目、表彰奖励同等对待,纳入相应人才培养工程。建立完善文化领域职业资格制度。

五、文化产业不同行业的管理

文化产业各行业的管理是国家和地方政府文化管理部门及其附属机构、国有文化资产投资管理机构、文化行业协会等组织对文化及其相关行业的管理。对文化各行业的管理是建立在文化产业分类的基础上,以文化产业分类为管理的依据,并以区域文化产业的管理为重点展开的。在此,针对我国文化产业主要行业管理进行介绍。

(一)大众传媒类文化产业管理

1. 新闻传媒业管理

新闻传媒业主要是由报社、通讯社、广播电台、电视台、新闻期刊社、新闻电影制片厂等专门机构,运用报纸、广播、电视、新闻图片、新闻期刊、新闻电影等传播媒介进行新闻活动的总称。改革开放以来,国家逐步放弃了对新闻传媒机构各个方面权力都实行严格管制的政策,只对可能影响新闻传播机构性质的几个关键权力进行严格的重点管制,即对市场准入权和产权的严格管制及对新闻传播机构产品内容进行审查的制度。

2.图书出版业管理

图书出版业的产品既是精神产品,又是物质产品,所以对出版活动的管理既要有对其精神生产活动的管理,又要有对其物质生产活动的管理。对其精神生产活动的管理主要是对出版物的内容进行监督和引导,对其物质生产活动的管理主要包括制定实施相关法律和行政法规、制定发展战略或发展规划、管理出版人才与出版教育、管理出版物市场和质量、管理国际交流、制定产业组织政策等内容。

3.广播影视业管理

广播影视业属于文化产业中的视听行业,是指在商品经济体制下,电影、电视、广播产品在制作、放映、播放及销售等生产或服务环节中形成的相互竞争与合作的企业的集合。广播影视业管理主要是通过加强法制建设,严格依法行政,改革行政管理手段,实行政企分开、政事分开、事业产业分开,推进从传统管理向现代管理的转变,切实履行宣传调控、政策调节、市场监管、社会管理和公共服务等职能,着力建设新形势下的科学、规范、高效的广播影视管理系统。

(二)娱乐类文化产业管理

娱乐类文化产业是当代文化产业的一个重要组成部分,它不仅极大地满足了现代人日益增长的文化生活需要，而且，娱乐类文化产业也是能够带来巨大经济效益并带动其他相关产业(如旅游、交通、餐饮、工艺品、音响灯光、装潢设计、家具、电子产业、文化用品、玩具、服饰、箱包等)发展的支柱型文化产业。对娱乐类文化产业的管理主要包括对歌舞娱乐产业(舞厅、卡拉OK厅、音乐茶座和音乐餐厅等)和游艺娱乐产业(电子游戏机房、游艺机房、台球房、保龄球馆、高尔夫球场及综合性的游乐场等)的管理。

(三)表演艺术类文化产业管理

当前，我国对表演艺术产业的宏观管理主要表现在以下几个方面：

1. 演出团体方面

一是推动演出团体的体制改革。演出团体体制改革的目标是将其由完全靠国家拨款的事业单位，逐步转变为多渠道筹资、独立核算、自主经营、自我发展的社团法人。通过全员聘任制、合同制、签约制、股份制等方式，推动演出团体面向市场、走向市场、参与市场，增强其生存能力、竞争能力和发展能力。

二是制定区别性的资源配置政策。演出团体的存在价值大体表现为以下两点：其一是能够满足当代群众的文化需求，其二是有国际文化交流价值。能满足当代群众的文化需求，为人民群众喜闻乐见，就能赢得市场，就能在市场竞争中生存发展。但还有一些传统的与外来的表演艺术，虽然与我国当代一般群众的欣赏趣味有差距，因而受冷落，但它们所内涵的精湛的艺术使它们成为民族表演艺术的代表或体现了国家表演艺术的水平，因而具有对外文化交流的价值。在演出团体的体制改革完成后,演出团体真正成为独立核算、自主经营的社团法人,政府文化职能部门将对演出团体实行区别性的资源配置政策。对大多数演出团体将采取"放"的政策,逐渐减少对它们的财政补贴,使其逐渐融入文化大市场,自谋生存、自图发展。对少数代表传统表演艺术精华或体现国家表演艺术水平的演出团体,政府采取重点保护和资助的政策。这样做的目的是使一批表演艺术及演出团体在竞争中得以发展壮大,另一批表演艺术及演出团体在国家的重点保护和资助下得以保全。当然,还有一批既不能在演出市场上体现自己的存在价值又不具有对外文化交流价值的表演艺术及演出团体将会走向消亡。这也正是文化变迁规律的体现。

三是运用各种手段引导演出团体注重社会效益。演出团体进入市场后,往往会出现片面追求经济效益而忽视社会效益的问题,政府文化职能部门将运用舆论宣传、文艺批评、优秀节目评选以及奖励和财政补贴等方法,引导和鼓励演出团体增强社会责任感,注重社会效益,多出佳作。通常情况下,政府文化职能部门对演出团体的引导一般都是通过各种中介组织(文艺协会、基金会)来进行的。

2. 营业性演出活动方面

政府文化职能部门对营业性演出活动实行许可证制度,开始阶段有营业演出许可证和演出经营许可证两种。1997 年 10 月 1 日实施的《营业性演出管理条例》中,两种许可证统一为营业性演出许可证。

3. 演出中介机构方面

演出中介机构包括国营演出公司和其他演出经纪机构。国营演出公司是政府文化行政管理部门所属的文化事业单位,一度曾集演出行政管理权、演出经营权二者于一身,造成政企不分等弊端。1987 年以后,一些省市的国营演出公司相继实行了经营权和管理权的分离,国营演出公司专门从事演出经营活动,演出行政管理工作收归文化行政管理部门统一负责。国营演出公司实行企业化管理,国家不给经济补贴,但公司必须负责承办政府文化行政管理部门交办的各种演出活动和任务。因此,国营演出公司应当享受政府对文化事业单位的各种经济优惠政策。在此后的发展中,一些其他所有制形式的演出经纪机构也相继成立。

4. 演出场所方面

因为演出场所也属文化设施范围,所以对演出场所的规划和建设也是城市文化设施建设的一个组成部分。政府文化行政管理部门对演出场所的管理,主要体现在对演出场所的规划和建设等宏观管理层面。当然,引导演出场所完善经营机制、提高服务质量和工作人员素质等也是政府及其职能部门的职责所在。

政府文化职能部门对表演艺术产业宏观管理的手段主要有政策和法规的制定、对演出计划的协调和平衡、对演出组织和演出活动的审核批准、对营业演出活动的监督检查等。宏观管理的进一步改革方向是加强立法和经济手段,减少行政手段。

(四)会展业管理

会展业即展览业,是为促进交流与贸易而产生的,在西方发达国家已有五六十年的历史并已成为支柱产业。在我国,会展业是一个朝阳产业。在会展业管理方面,主要包括以下内容:制订和贯彻相关法律、法规和规章,制订和实施会展业发展规划,承办政府组织的大型会展活动,会同财政部门管理与使用会展业发展专项扶持资金,加强会展行业的自律和监管,制定和完善行业服务规范,规范会展交易行为和市场秩序,促进会展业规范化健康发展。建立展会品牌保护、知识产权保护以及安保反恐机制,确保展会组织、环境、人员安全,全面提升展会质量。

(五)网络文化产业管理

从产业角度看,网络文化产业可分为两部分:一是传统文化产业的网络化和数字化,如数字图书馆、数字电影等;二是以信息网络为载体,形式和内容都有别于传统文化的新型文化产品,如网络游戏、移动短信等。网络文化产业管理主要包括以下内容:促进网络文化产业立法,完善网络文化产业政策,健全网络文化市场体系,完善网络文化市场管理机制,规范网络文化市场秩序,打击违法经营,保护知识产权,推动建立游戏产业人才培养体系,促进我国网络文化产业在结构和层次上进一步提升。

(六)动漫产业管理

所谓动漫产业是指以创意为核心,以动画、漫画为表现形式,包含动漫图书、报刊、电影、电视、音像制品、舞台剧和基于现代信息传播技术手段的动漫新品种等动漫直接产品的开发、生产、出版、播出、演出和销售,以及与动漫形象有关的服装、玩具、电子游戏等衍生产品的生产和经营的产业。近年来,我国相继出台了一系列优惠发展动漫产业的利好政策和措施。《关于推动我国动漫产业发展的若干意见》文件出台后,地方政府出台扶持动漫产业发展的优惠政策也相继出台,各地动漫产业基地相继进入实际运营阶段。国家广电总局自 2006 年起不断规范电视动画片播出管理。2008年,文化部强调扶持民族原创动漫产业,准备设立国产动漫产品奖励和补贴专项资金,促进我国动漫产业国际化。此外,地方政府也加大对动漫产业的扶持力度,设立动漫产业发展专项资金,建设民族民间动漫素材库和动漫公共技术服务体系等。

2008年7月,国务院办公厅印发了文化部、国家广播电影电视总局、国家新闻出版总署等部门的主要职责、内设机构和人员编制规定。其中,《国务院办公厅关于印发文化部主要职责内设机构和人员编制规定的通知》(国办发[2008]60号)中明确了"动漫和网络游戏管理的职责分工",规定"文化部负责动漫和网络游戏相关产业规划、产业基地、项目建设、会展交易和市场监管。国家广播电影电视总局负责对影视动漫和网络视听中的动漫节目进行管理。国家新闻出版总署负责在出版环节对动漫进行管理,对游戏出版物的网上出版发行进行前置审批"。文件同时规定,将国家广播电影电视总局动漫(不含影视动漫和网络视听中的动漫节目)管理的职责划入文化部;将国家新闻出版总署动漫、网络游戏管理(不含网络游戏的网上出版前置审批),以及相关产业规划、产业基地、项目建设、会展交易和市场监管的职责划入文化部。

(七)体育产业管理

体育产业主要包括体育产品制造业、体育产品批零业和体育服务业等。对体育产业的管理,主要有以下措施:一是发展群众服务性体育产业;二是通过申办和承办大型综合性运动会和重大国际体育赛事,发展体育竞赛产业;三是提高体育产业的集约化程度;四是发展电视转播,发展体育彩票业,发展群众性体育竞赛和商业性比赛等。

（八）文化旅游产业管理

旅游产业的主要职能是向旅游者提供旅游产品和服务。文化是旅游的重要助推器，旅游业是具有文化性质的服务行业。在旅游业提供的产品中，游览观光和娱乐是主要产品，而文化构成了游览观光的主要内容，文化设施为娱乐提供了物质基础。因此，把旅游产业作为文化产业来看待，无疑是抓住了该产业发展的关键。要积极发展文化旅游，促进非物质文化遗产保护传承与旅游相结合，发挥旅游对文化消费的促进作用。2009年8月31日文化部、国家旅游局出台的《关于促进文化与旅游结合发展的指导意见》指出：各地要从构建社会主义和谐社会的高度，以"树形象、提品质、增效益"为目标，采取积极措施加强文化与旅游结合，切实推动社会主义文化大发展大繁荣。

 案例一：

国家级贫困县的摇滚音乐节

张北县总人口37万，有10万人常年在外打工。到2008年，张北人均年收入才2 700元，是名副其实的国家级贫困县。

2008年张北县委、县政府重新审视自己发展的路子，达成一个共识，就是一定要把张北的软资源——蓝天、白云、绿地、夏季凉爽的气候利用起来，把这些软资源变成资本，通过资本运作产生价值。2009年5月26日张北人民政府和中国最专业的音乐杂志《音乐时空》举行了张北草原音乐节的签约暨项目启动仪式，并开始了音乐节的筹备。借助《音乐时空》丰富的办节经验、超前的办节理念及独特的媒体人脉资源等优势和张北政府的全力服务和监督,张北草原音乐节成功举办,观众突破 10 万人次。2009 年 7 月 29 日至 31 日,中都草原上的摇滚音乐节持续三天,崔健、许巍、张震岳、Tricky 等国内外摇滚巨星和乐队悉数登场,在震天的音乐中,数万观众疯了似的扭动着身体,蓝天、白云、草地成就了一台盛大的狂欢派对。2010 年音乐节观众超过 20 万人次,2011 年音乐节观众超过 30 万人次,张北草原音乐节成为中国最大的户外音乐节。音乐节对张北的旅游起到很大推动作用。2008 年张北县的旅游人数是 50 万左右,2009 年突破 100 万,2010 年达到 130 万左右,2011 年 1—11 月份,全县接待国内外游客 130 余万人次,实现旅游总收入超过 5.2 亿元,同比增长 26.2%。仅 2011 年音乐节期间全县旅游综合收入就达 1.8 亿元。旅游的增加引来了投资商,张北盖起了一批崭新的小区和第一座五星级酒店,城市容貌变了,旅游的硬件设施也变好了。更重要的是,旅游的增加慢慢将一部分农民从土地里解脱出来,发展骑马射箭、住宿餐饮等农家乐相关产业。2010 年张北农民人均年收入达 3 620 元,比 2008 年增长 34%。

第四节　文化产业管理重点

"十二五"时期,我国文化管理所涉及的文化产业重点工作有:

一、完善文化经济政策

文化经济政策是文化繁荣发展的重要保障,是推动文化产业跨越式发展的重要手段,是调控文化市场和文化产品创作生产方向的重要杠杆。总结近年来制定和实施文化经济政策的成功实践,切实落实和不断完善现行文化经济政策,对已有的支持文化体制改革、支持文化事业和文化产业发展的经济政策进行修订或延续,将发挥强有力的保障和支撑作用。

进一步落实鼓励社会组织、机构和个人捐赠以及兴办公益性文化事业的税收优惠政策,促进企业及民间对文化的投入明显增加。加强对文化产业的政策扶持。加大财政、税收、金融、用地等方面对文化产业的政策扶持力度,对文化内容创意生产、非物质文化遗产项目经营实行税收优惠。继续对宣传文化单位实行增值税优惠政策,对电影发行单位实行营业税优惠。

落实和完善金融支持文化产业发展政策,加强和改善对文化企业的金融服务。鼓励金融机构加大对文化产业的信贷支持力度。支持文化企业发行企业债和上市融资。通过财政贷款贴息或利用中小企业国际市场开拓资金等方式,对文化企业国际市场开拓活动给予支持。用好和扩大有关文化基金和专项资金。借鉴成熟资本市场的运作方式,发起设立文化产业投资基金,建立多渠道的社会投入机制,更好地扶持文化产业发展。

 案例二:

新融资下的《大地震》5 亿豪言背后的支点①

在《唐山大地震》公映首日豪取 3 620 万人民币的票房,超越《阿凡达》创造了中国电影史首日票房新纪录后,冯小刚似乎离 5 亿元票房的目标更近了一步。冯小刚为《唐山大地震》放出

---

① 倪自放:《新融资下的〈大地震〉5 亿豪言背后的支点》,载《齐鲁晚报》2010 年 7 月 28 日。(有删节)

的"5亿豪言",显然是有底气的。"5亿豪言"的背后,是《唐山大地震》在中国电影产业发展过程中进行的新探索之一:在投融资方面有政府资本与商业资本的完美结合。

《唐山大地震》1亿多元的总投资,在中国的大片投资里不算最多的,但却开创了中国大片新的投融资模式。

《唐山大地震》最初由唐山市政府、华谊兄弟和中影集团三方联合投资,投资额分别为6 000万元、5 400万元和600万元。之后,华谊又将部分额度转给浙江影视、英皇影业和寰亚公司,使投资方增至六家。政府资本介入电影的拍摄不是新鲜事,但介入《唐山大地震》这样的大片拍摄且投入巨大,却是第一次。

作为最大的出资人,唐山市政府的6 000万元中15%作为投资,其余5 100万元为赞助,但享有影片50%的利润。也就是说,如果票房打平成本,唐山方面只能收回15%的投资;如果影片出现盈利,则由华谊与唐山方面平分。唐山方面85%的资金是无偿的,但如果盈利,则按50%的比例分配利润。这是政府资本首次为大片"托底"。

华谊总裁王中军表示,近年来国家一系列文化产业新政的出台与实施,让资本市场看到了影视业的光明"钱"景,这是《唐山大地震》这样的大制作、大手笔诞生的巨大原动力之一。

雄厚的投资之后,在艺术上过硬是一部大片成功必不可少的环节,这个过程中,艺术负责人也就是导演冯小刚的品牌效应也十分重要。

有了大片的新投融资模式,有对中国主流价值情感的最佳推广,还有"冯小刚"品牌的最大化利用,冯小刚为《唐山大地震》放出的"5亿票房"豪言,显然是有底气的。

二、完善文化贸易促进政策

在经济全球化和科技革命的推动下,文化的跨国生产力和流通得以实现,继而形成的文化贸易已经成为世界贸易的重要组成部分。当前,国际文化贸易日益繁荣活跃,文化贸易已经成为各国和地区经济增长的动力,成为国家综合竞争力的制高点。尽管中国文化贸易发展比较快,但是与发达国家相比还面临着许多的挑战,存在着诸如逆差严重、体制不健全、出口渠道不畅、文化出口附加值比较低等许多问题。

随着中国经济的不断发展和国家影响力的提高,世界各国对中国文化的需求也在不断增长。我国的文化贸易已经具备了实现跨越式发展的条件和机遇。党的十七大报告中明确提出,要推动社会主义文化大发展、大繁荣,进一步推动文化贸易的发展,壮大文化贸易规模,提升文化贸易的层次,满足市场需求,促进文化贸易的增长。积极扩大文化出口,促进国际文化贸易的快速发展为中国加快文化贸易的增长创造了良好的外部环境。

加大文化贸易促进政策的支持力度。落实对外文化贸易各项优惠政策,进一步完善有关财税政策,支持文化企业走出去;支持文化企业在海外投资、投标、收购、营销、参展和宣传等市场开拓活动,为文化企业走出去提供通关便利。帮助文化企业获得进入国际市场所必需的资质认证。对符合条件的文化企业发展海外业务给予账户开立、资金汇兑方面的政策便利。加强文化企业和文化产品在进出口环节的知识产权保护,维护权利人的合法权益。加强各个相关部门的协调配合。充分发挥各部门在促进文化出口方面的优势,集成各个部门政策资源,对国家的文化出口重点企业和重点项目进行重点扶持,着力解决文化贸易企业在出口环节所遇到的突出问题。

三、完善文化市场体系

健全文化市场体系既是完善社会主义市场经济体制的外在要求,也是推动文化体制改革、促进文化产业发展、满足人民群众文化消费需求的内在要求。在社会主义市场经济条件下,市场已经成为满足人民群众精神文化生活的重要途径,文化产业要获得大的发展,文化资源的优化、整合和配置也只有通过市场方能得以实现。

健全文化市场的目的就是要形成公平竞争的文化市场机制,为文化产业营造一个良好的产业发展环境。十七届六中全会指出:促进文化产品和要素在全国范围内合理流动,必须构建统一开放竞争有序的现代文化市场体系。要重点发展图书报刊、电子音像制品、演出娱乐、影视剧、动漫游戏等产品市场,进一步完善中国国际文化产业博览交易会等综合交易平台。发展连锁经营、物流配送、电子商务等现代流通组织和流通形式,加快建设大型文化流通企业和文化产品物流基地,构建以大城市为中心、中小城市相配套、贯通城乡的文化产品流通网络。加快培育产权、版权、技术、信息等要素市场,办好重点文化产权交易所,规范文化资产和艺术品交易。加强行业组织建设,健全中介机构。因此,健全文化市场,发挥市场在文化资源配置中的基础性作用,建立健全统一、开放、竞争、有序的现代文化市场体系,使文化市场成为人民群众文化消费主要渠道,是文化产业发展的基础性工作。

目前,我国市场监管能力有待进一步提升。文化部门对演出、娱乐、网络文化、动漫游戏等市场经营秩序的监管力度还需要不断加大,在打击违法网络文化产品及从事非法网络文化经营活动的网站、整治互联网和手机媒体淫秽色情及低俗信息、开展文化市场知识产权保护专项执法行动、维护娱乐市场秩序等方面的要加强管理,不断完善文化市场运营机制和管理体系,为文化产业快速健康发展提供可靠保障。

四、加强版权保护和管理

版权保护和管理工作主要包括制订实施著作权保护管理法律、法规、部门规章和规范性文件,开展著作权、数字网络版权监管和宣传教育,拓展对台港澳和对外版权交流合作,推动版权贸易,组织版权行政执法,打击侵权盗版,协调实施软件正版化工作等。推动版权产业繁荣发展,使包括版权产业在内的文化产业发展成为国民经济支柱性产业,是加强版权保护和管理工作的重要内容。

加强版权保护和管理工作,对于繁荣发展文化事业和文化产业、增强文化软实力、培育新的经济增长点、保障国家文化安全、构建创新型国家有着积极作用。我国颁布了《国家知识产权战略纲要》,进一步提升版权保护工作的战略地位。新颁布的《海峡西岸经济区发展规划》提出,大力发展知识产权等高技术服务业和文化创意、动漫游戏产业,加快发展新闻出版、广播影视、广告、工艺美术等文化产业,加强网络文化建设和文化市场管理,营造良好环境,打造海峡西岸特色文化品牌。国家版权局在《版权工作"十二五"规划》中,进一步明确"十二五"时期我国版权保护及相关产业发展目标任务和政策措施,建设涵盖文学艺术、广播影视、新闻出版等领域的版权公共服务平台和版权交易平台，扶持版权代理、版权价值评估、版权质押登记、版权投融资活动，推动版权贸易常态化。加强版权行政执法和司法保护的有效衔接，严厉打击各类侵权盗版行为，增强全社会的版权保护意识。大力推动各地版权事业和版权相关产业发展。

加强版权保护和管理工作要坚持政府引导与完善市场机制相结合原则，遵循市场规律建立和规划版权保护和社会服务体系，通过不断完善版权管理机制，加大政策扶持力度，健全完善版权社会服务体系，促进版权产业全面、协调、可持续发展。

五、健全法律保障体系

良好的法律秩序是文化产业发展的前提和保障。

目前，我国文化产业的立法保护存在的问题主要表现在：第一，立法理念错位。长期以来，我国文化产业已有的法律法规总体体现出"重审批管理，轻保障发展"的特点。部分法规还带有计划经济体制的痕迹，侧重于管理、限制、义务和处罚的规定，而对文化产业经营主体的权利关注较少，保障和服务的理念较为淡薄。第二，立法盲点较多，具有明显的滞后性。我国文化产业正处在迅猛发展的阶段，而以创意为核心的文化产业的经营实践对制度建设往往具有一定的超前性，新的文化产业形式如数字文化产业、动漫、网络视听点播、手机互联网等层出不穷，新的问题也不断呈现。很多领域和问题直到现在还没有得到文化产业立法的有效调整，立法缺位严重。第三，立法层次较低。我国现有的文化产业立法基本上还停留在行政法规或部门规章的层次，还缺少全国人大及其常委会的高层次立法，如《文化产业促进法》、《新闻法》等文化产业的基本法律。

虽然目前我国已基本将这些法律提上立法议程,但进展缓慢。第四,与国际接轨不够。我国文化产业相关的法律法规不仅要契合我国当前实际,还要适应文化产业全球化发展的潮流。但我国现有文化产业立法还有诸多规定与 WTO 等国际社会贸易体系不相适应,这在很大程度上妨碍了我国文化产业发展的国际化、全球化进程。

因此,当前文化产业管理的重点之一就是建立健全文化法律法规体系,加快文化立法,制定和完善公共文化服务保障、文化产业振兴等方面的法律法规,将文化建设的重大政策措施适时上升为法律法规,加强地方文化立法,提高文化建设法制化水平,从而为文化产业的发展提供持续的强劲动力和健康发展的良好基础。

思考题:

1. 我国文化产业管理包含哪些内容?

2. 我国文化产业管理的重点有哪些?

3. 如何更好地管理文化产业以促进其快速发展?

第五章　国际文化交流

【内容提要】本章重点讨论国际文化交流的定义、内涵、基本特点,政府在国际文化交流中的作用,我国国际文化交流的现状和政策,"十二五"时期促进国际文化交流的重点工作和应该注意的问题。

【关键词】文化交流　文化关系　文化贸易

文化交流是外交工作的重要内容。第二次世界大战结束后,法、英、德、美等发达国家都普遍重视文化在对外交流中的独特价值,逐步形成了一种开展国际文化交流的文化自觉。1966 年,时任德国外交部长的威廉·勃兰特首次明确指出,文化关系是继政治和贸易之外国际关系的"第三个层面",文化应与政治和贸易一起并列为对外政策的"三大支柱"。勃兰特的观点不仅确定了文化外交在德国对外政策中的重要地位,而且得到了世界范围的广泛认同,如美国把文化视为政治、贸易和军事之外对外关系的"第四个层面"[①]。我国党和政府一直高度重视国际文化交流。早在 1983 年,邓小平就指出:"经济上实行

---

① 唐虹:《非政府组织和国际文化交流——以英国、法国和德国的经验为例》,载《欧洲研究》2009 年第 2 期。

对外开放的方针,是正确的,要长期坚持,国际文化交流也要长期发展。"①可见,国际文化交流是政府的一项重要工作,也是文化管理的一项重要内容。

第一节 国际文化交流与政府角色

伴随着经济全球化的浪潮,不同国家和地区间的文化交流已经成为生活的一种常态,经济全球化和文化本土化的趋势日渐突出,巨大的文化差异并没有因为经济趋同而减弱。文化交流正是以文化差异的存在为条件的,加强文化交流能增进各国人民的了解,促进各国民族的融合,使得各国文化发展趋于平衡,文明走向共荣,促进全人类的共同发展。开放的环境也已经不允许文化的更新发展始终处在一个封闭自足的区域里,文化交流也是文化繁荣发展的基础和条件,政府要主动创造条件,促进国家间的文化交流和国家文化创新。

一、国际文化交流的内涵和特点

文化管理必须统摄国内国外两个环境,充分调动国内国外两种文化资源,以一种开放包容的姿态,促进我国文化本土资源的传承创新,推动我国文化管理体制机制变革,更好地适应市场经济环境下的文化发展规律和文化生产要求,提高文化竞争力和影响力。因此,开展国际文化交流是政府文化管理工作的重要内容。

---

① 《邓小平文选》第三卷,《党在组织战线和思想战线上的迫切任务》,人民出版社1993年版,第43页。

1. 国际文化交流的内涵与作用

国际文化交流是指通过政府间或民间组织开展的跨国文化交流活动,旨在加强世界各国、各地区人民的相互了解和友好合作。跨文化、跨国界的交流传播是 21 世纪文化发展的动力,也是各国除政治、经济、军事之外实施国际战略和外交政策的四大手段之一。现在的实际情况是,不同国家、不同文化的人们交流日益频繁,文化交流的三大渠道——人际交流、组织交流、大众传播等各种跨文化交往都更加活跃频繁,成为今天加强国际合作和相互理解的重要形式。

国际文化交流的实质是一个民族或国家的生活方式和文化价值观传达给对方并争取获得对方认可的行为,是一种"异"文化内容的展示。各种形态的文化都可以成为文化交流的载体,不论是物质形态的文化产品,还是精神性的文化内容,都应该作为国际文化交流的形式和载体。美国学者亨廷顿曾经提出"文明的冲突"的观点,认为在未来世界发展中人类最大的挑战是不同文明间的冲突和分歧,而相对的主张则认为未来世界的发展趋势将是"文明的融合",但不论全球化挑战的最终解决之道如何,加强不同文明间的对话和交流却是寻求不同文化间的宽容、沟通、理解的重要方式。面对发达国家强势文化的咄咄逼人之势,最近这些年我国也主动加大了文化输出和传播的力度和主动性,但毕竟起步晚且缺少开展国际文化交流的经验和系统战略思路。新时期,我们开展国际文化交流工作要有什么新的理念? 国际文化交流主要交流什么样的内容? 当前在国际文化交流工作中存在的主要问题是什么? 最有效的国际文化交流手段是什么? 这些都是需要我们迫切解决的问题。

开展国际文化交流,从内涵上讲可以分为三个层次,即思想文化、艺术文化和实用文化。长期以来,中国开展国际文化交流,成效停留在器物文化及工艺类层面的为多,比如在外国人眼里传统中国形象的关联物是茶、瓷器、丝织品、工艺品(漆器、玉器、景泰蓝等)、传统建筑园林等,精神形态的文化内容很明显太少了。有学者曾经集中对 20 世纪中外文化交流的明显"逆差"问题和结构性矛盾做了实证性研究,单就翻译著作一项来看,"20 世纪中国翻译了西方大约十万零六千八百余册著作,而西方翻译中国 20 世纪著作(我说的不是古代典籍而是翻译 20 世纪的中国思想著作)仅仅几百册,其中翻译较多的是王国维的《人间词话》等,而 20 世纪末翻译较多的是一些当代作家作品,其他现代中国学者的著作译成西文化的则微乎其微"。① 中西翻译著作出现了巨大的文化逆差,中国翻译西学几乎是西方翻译中国 20 世纪著作的 100 倍。因此,西方人缺少对中国文化和社会的完整的认识,也很难深入理解中国文化的精神和实质,这与我们的思想文化性著作没有获得西方主流社会的关注和认识有关系。从另外的方面也说明,代表中国文化价值观和学术思想的著作在世界上传播的范围很有限,影响力就更微乎其微了。而实际上,价值观的传播应该是文化交流和传播中最重要的内容和依托。

　　开展国际文化交流的作用。国际文化交流是多元生活和文化创造的源泉。首先,国际文化交流是世界不同民族国家文化繁荣发展的一种常态化的形式。人类文明的成长过程就是一个不同文明交流碰撞、融合创造的历史进程,文明大河流淌

---

　　① 王岳川:《从文化拿来主义到文化输出》,载许静涛、徐沛君主编《摆脱"逆差":文化输出与当代文化建设》,江西美术出版社 2009 年 6 月版,第 9 页。

不息,总是在不断地汇入新的文化营养。几千年的中华文明成长过程中,始终伴随着不同文化的交流传播。中华文化走向成熟壮大,也总是在不断吸收域外文化的营养,经过了一个引进、吸收和转化的阶段,原初的"异"文化最终成为中华文化的有机组成部分。季羡林在《我看翻译》一文中说,"倘若拿河流来作比,中华文化这一条长河从未枯竭。原因就是有新水注入,注入最大的有两次,一次是从印度来的水,一次是从西方来的水。而这两次的大注入,依靠的都是翻译。"①中华文化发展中的这两次注水,不论是接受东方国家古老印度传来的佛教文化,还是近现代引进的西方文化,都对我们民族文化的发展和繁荣贡献巨大。中国文化发展如此,其他国家的文化成长也大抵如此。

同时,国际文化交流不仅直接推动了文化的创造,而且也丰富了不同民族的文化生活,增进了彼此的理解,减少了隔阂。改革开放以后,我国的国际文化交流步伐加快,三十年的改革开放使我国走出封闭,融入世界。改革开放之前"八亿人八台戏"的文化生活彻底改变,往日封闭单调的文化生活方式正在被多种多样的休闲娱乐方式所替代,严肃呆板的样板戏首先被港台歌星邓丽君的一曲《甜蜜蜜》所打破,港台流行歌曲和台湾校园歌曲成为大陆居民文化生活的一道大餐。而20世纪80年代末90年代初,源于日本转手从香港传到大陆的卡拉OK,更是使文化娱乐活动越来越大众化。人们的文化娱乐方式也越来越多元化。电影、电视、书籍、网络等多种途径给人们的精神生活提供着满足。文化生活的丰富也因为公众文化需求的刺激,带动了文化的创造。

国际文化交流也是开展文化外交的重要内容和依托,塑造

---

① 季羡林:《我看翻译》,载许钧主编《翻译思考录》,湖北教育出版社1998年版。

国家形象的主要渠道。历史上,中国形象在世界上有着不同的面貌。从哲学家莱布尼茨、伏尔泰等对中国的崇拜和赞美,到19世纪的政客商人对中国形象"堕落的黑暗王国"的丑化;从19世纪六七十年代"黄祸论"的流行,到20世纪对红星照耀下的苏维埃政权的礼赞;从费正清对于现实中国与传统的探究,到"觉醒的龙"、"可怕对手"的言论,中国的国家形象在认知者眼中不断发生着变化。美国学者哈罗德·伊萨克斯撰写的《美国的中国形象》一书,就将美国的中国形象细分为六个时期:18世纪的崇敬时期,1840年至1905年的蔑视时期,1905年至1937年的仁慈时期,1937年至1944年的钦佩时期,1944年至1949年的幻灭时期,1949年开始的一段敌视时期。但改革开放后,这一形象有了彻底改变。对外文化开放和文化交流的常态化发展,多层次的双向文化交流活动不仅使中国了解了世界,也使世界更多地了解了中国,增进了中国人民与世界各国人民的友谊。我国国际文化交流在规模和范围、广度和深度、内容和形式、渠道和层次等方面,进入了空前活跃的时期,更是把一个开放、包容、文明的新的国家形象呈现在了世界面前。

2. 国际文化交流的特点

国际文化交流是不同国家间文化关系的主要表现形式,发展文化关系已经成为国际间交往的重要内容,文化外交也成为国际关系和国际交往的重要领域。当今国际文化交流发展主要表现为以下特点:

交流涉及领域空前广泛,交流的渠道纵横交错,交流方式多种多样。文化交流的活动广泛涉及文学、艺术、广播、影视、学术、科技等领域,以及群众文化、民间艺术、乡土文学、风俗民情,乃至饮食文化、服饰文化、旅游文化、园林建筑、文物古迹等等。交流的渠道有官方、民间、团体、个人多种。交流的方式如访问、考察、表演、展览、比赛、观摩、研讨、教学、讲座等。不仅艺术表演团体、代理经纪人参与交流,工商企业界的厂家、公司等近年来也积极参与交流,已形成了领域广泛、渠道纵横、层次交错、形式多样的现代国际文化交流新格局。

多边文化交流日益频繁。世界各国举办的名目繁多、规模不等的各类国际艺术节如雨后春笋。据估计,现在全世界每年举办的国际艺术节仅规模较大的就达一千多个。各类国际艺术比赛也越来越多,包括音乐、舞蹈、杂技、影视、绘画等,每年数以百计。各种国际组织和各国政府及民间机构每年举办的有关文化、艺术、科技方面的国际会议和学术研讨、合作项目等,其数量更是难以统计。

民间文化交流占据优势。由于广大发展中国家纷纷实行开放政策,民间对外文化交流活动也日趋扩大。近十几年来,无论双边的还是多边的,民间文化交流与官方交流相比,不仅项目数量上越来越占优势,而且广度和深度也越来越拓展,其效益和影响也越来越令人瞩目。

科学技术交流备受重视。随着现代科学技术的飞速发展,越来越多的国家把科技交流作为对外文化交流的重点。如意大利已明确提出其文化交流侧重点是要以科技交流为主的新政策,在资金分配和项目安排上,把科技交流的比重提高到70％至80％以上。广大发展中国家也把科技交流摆在了对外文化交流的重要位置上。

艺术交流趋向商业方式。在国际文化交流活动中,对文艺表演和艺术展览采取商业性方式进行,这在西方发达资本主义国家,早已是对外艺术交流的基本做法。以商演、商展的形式进行艺术交流,在俄罗斯、东欧、亚洲、拉美乃至某些非洲国家,也逐步开展起来。

语言教学成为热门活动。第二次世界大战以后,德国、英国、法国等资本主义大国对外推行的语言教学采取了新的形式,并借以进行思想、文化传播。世界上学习大国语言,尤其是学习英、法、日、德语的热潮方兴未艾。随着中国国际地位的提高,近年来世界上也正在出现"学习汉语热"的潮流。顺应这种潮流,作为政府行为开展国际文化交流的项目,我们举办孔子学院、孔子课堂等,适应这一发展需要。

此外,近些年世界大国普遍在他国设立文化中心。比如,在国内建立文化中心作为文化宣传和交流基地,是美英等国的传统做法。这种文化中心实际上是以民间名义开展文化宣传活动的官方机构,其管理人员和活动经费都是由政府提供的。这些国家还在国外设立文化中心,开展本国文化的交流传播,扩大文化的影响力和吸引力。

二、政府在国际文化交流中的作用

国际文化交流不论组织和执行主体是政府机关还是民间组织、商业机构,都已经成为文化外交的重要内容,成为国际关系中的一个重要领域。因此,政府在国际交流中要发挥主体作用。

1. 政府部门要在国际文化交流中扮演主导角色,特别是在外交领域积极开展文化外交,主动推动中华文化"走出去",在潜移默化中建设国家文化的软实力,扩大中华文化的影响力、吸引力和竞争力。开展国际文化交流如同在国家间开辟了了解认识彼此文化的沟通双轨道,增进国家间、人民间的相互了解,进一步减少处理国际事务中的争议和分歧。文化外交是外交中继政治、经济之后的第三大领域,而且具有很多种不同的表现形式。从文化国际主义的角度出发,文化外交主要形式包括:语言教育、文学作品交换、艺术表演、人员交流、科学技术交流、广播电视的文化教育讲座、各种各样的文化作品展览,以及为文化教育交流提供的信息服务,都既是文化关系的内容也是文化外交的形式。[①] 当然,与这些内容关联的文化产业领域的交流与合作,乃至于文化产品贸易,都属于文化外交的范畴。最近几年我国的文化外交从自在到自觉主动,开展得有声有色。前中国文化部副部长孟晓驷认为:文化外交就是围绕国家对外关系的工作格局和部署,为了达到特定目的,以文化表现形式为载体或手段,在特定时期、针对特定对象开展的国家或国际间公关活动。而且她还给出了明确的四条标准:一是是否有明确的外交目的,二是实施主体是否是官方或受其支持与鼓励,三是是否在特殊的时间针对特殊的对象,四是是否通过文化表现形式开展的公关活动。[②] 在所有国家文化交流活动中,文化外交往往占据主导性的地位,而且影响巨大。因此,新时期的国际文化交流对我们的文化外交工作提出了更高的要求。

2. 政府部门不仅在对外交往中积极开展文化外交,制定国家交往的规划和政策,还要积极引导调动民间社会和各种社会组织团体的力量,开展国际文化交流。国际文化交流的内容和范围,远比公共外交与文化外交领域包含得宽泛,而且参与的主体也可以更加广泛。就我国开展国际文化交流的实际发展

---

① 胡文涛:《美国文化外交及其在中国的运用》,世界知识出版社 2008 年 1 月版,第31 页。

② 孟晓驷:《锦上添花:"文化外交"的使命》,载《人民日报》2005 年 11 月 11 日,第 7版。

来看,民间文化交流日趋活跃,交流形式呈多样化。近年来,无论是出国或来华的艺术表演和展览项目,民间交流所占比例均在90%以上。民间交流双方民众对对方国家的文化都怀有浓厚的兴趣,友好城市之间的交流,各种专业协会之间的交流,两国博物馆、图书馆之间的馆际交流,还有各种专业乐团之间的直接交流等越来越频繁,这些都在一定程度上丰富了本国的文化舞台。这种来自民间的文化交流活动,社会效果远较我们单纯的对外文化宣传效果要好,因为客观、具体、非官方,也容易为普通百姓所接受。因此,政府部门除了积极主导文化外交活动,也要积极鼓励、创造机会引导开拓民间交流渠道,扩大国际间的文化交流。比如美国对话文化交流项目,就既有很多官方性质的诸如富布莱特中国项目,也有很多民间机构开展的项目,最知名的如洛克菲勒基金会和福特基金会的中国项目,已经有百年历史,影响深远。

3. 国家要进一步完善政策,建设社会主义新文化,推动中华文化发展繁荣。伴随经济发展的中国综合国力不断增强,世界了解中国的需求逐渐升温,在文化建设和产业发展中为中华文化和文化产业走出国门、走向国际市场奠定了坚实基础。我国经济的崛起呼唤与经济大国相匹配的文化大国的崛起,我们必须有自己的文化自觉意识。同时,我国文化发展实际与文化大国相比还存在很大差距,产业化的运作能力和经验还处于起步阶段,我国的文化实力在国际竞争中还处于弱势地位。文化没有政治经济的支撑,就不会有传播力,经济的优势往往使文化拥有了话语权和说服力,使文化能够被接受者容纳。十七届六中全会的召开,为我国文化发展提供了契机。在这方面,文化"韩流"劲吹中国就是一个很好的启示。韩国作为后发展国家在现代化方面的成功者,其经济确有相对优势,如韩国的汽车、电子、服装、图书出版、化妆品等行业在中国就很有影响力,这是韩国文化产品在中国流行的深层原因。文化资源更是直接成为其经济发展的巨大力量,经济发展获得了新的资源与动力,经济与文化的交融与互动实现了前所未有的统一。"在对外文化交流中,外交虽然是实现不同文化交融的重要手段,是文化软实力由潜在因素转化为现实能力的通道,但文化的内容不仅决定着对外文化交流的范围、力度,还决定着对外文化交流的的生命力、持久力,是国际文化交流竞争的根本力量所在。文化有深度,对外文化交流才有力度。文化先进,对外文化交流才有广度。可以说,全球化时代的对外文化交流,取决于哪个国家的文化价值观更适应于时代发展的需要。"①因此,我们要把文化建设的实绩作为开展国际文化交流的基础和条件,唯有让我们的文化也强大起来,开展国际文化交流也才有后劲和可持续性。

第二节　我国国际文化交流的现状和政策

文化差异是不同文明存在的基础,也是文化交流的前提。不同文化之间对话交流,是一种彼此接触、碰撞、欣赏、融合的过程,不同的文化在相互的尊重中获得和平的交往互动,增进了不同民族间的相互理解。我国的国际文化交流活动伴随着新中国的成立逐步开展起来,不论最早是更多从属于外交活动服务或特定政治任务,还是新时期开展的广泛的文化外交和各类文化交流活动,都取得了前所未有的成就;但在文化交流的

---

① 张殿军:《试论中国对外文化交流的战略构建》,载《中国城市经济》2011 年第 8 期。

理念、方式、参与主体、交流内容等方面还存在着一些问题需要完善。

一、我国国际文化交流的现状与问题

改革开放以来,中国加快了与世界各国的文化交流,国际文化交流开展得很频繁也很活跃,官方和民间的文化交流都获得稳步发展。缤纷灿烂的文化交流活动传播着中国文化,塑造着国家形象。三十年来,我国同 145 个国家签订了政府间文化合作协定和近 800 个年度文化交流执行计划。中外互办文化年等国际文化活动成为中外文化交流的重要舞台。我国现与 160 多个国家和地区有不同形式的文化往来,与数千个外国和国际组织保持着各种联系,参与多边国际文化活动更加主动。① 国际文化交流的范围涉及文学、艺术、文物、图书、博物馆、新闻、出版、广播、电影、电视、教育、体育、科技、卫生、青年、妇女、旅游、宗教等诸多方面。

近年来,中国的对外交流活动更加活跃,"中国文化年"、"中国年"、"中国文化周"、"吴桥国际杂技节"、"中国上海国际艺术节"、"北京国际音乐节"等知名品牌,已成为广泛传播中华文化的重要载体。而一个个海外中国文化中心也如雨后春笋,成为传播中国文化的窗口。目前,我们国家已经在海外建立了九个中国文化中心,成为国际文化交流和传播的重要阵地。如今,中国更加自主地、积极地塑造中国形象,提升中国文化的精神感召力和认同感。国家相关部门和一些地方政府已经主动在世界主要国家,如美国,进行国家形象广告的主动推介,这都是一种文化自觉和自信的表现。在 20 世纪 80 年

---

① 谌强:《三十年社会巨变带来我国文化长足发展》,《光明日报》2008 年 10 月 7 日。

代初,时任英国首相玛丽·撒切尔曾谈到,中国不可能成为文化强国,因为它只是出口产品,而不是价值观。其言今犹在耳,也给我们建设社会主义文化强国目标的实现提出了战略性的启示和反思。

1. 中国不均衡崛起更加需要开展文化交流

世界文化是由具有各自鲜明特点的民族文化组成的,从不存在超越于各民族文化之上的统一的"世界文化"。经济全球化并不等于文化全球化,世界上也不可能存在单一价值体系的所谓"全球化"的文化。在中国经济加快融入全球经济的同时,我们应以开放的胸襟、兼容的态度和科学的精神对待外国文化,汲取人类创造的一切优秀文明成果,但也必须同时坚定地"走出去",消除国家间的有意无意的误解或歪曲,寻求中华文化的崛起。因此,今天比以往任何时候都更加需要中国文化"走出去"。

中华文化与世界其他国家或民族的文化是相通的。只有"走出去",才能加快中外文化之间的碰撞和融合,通过自觉的文化批判和文化选择,使中华文化根深叶茂,永葆青春。"走出去",是向世界全面展示中华民族优秀文化的最好途径,用实际行动促进不同文明之间的对话,共同推动世界文化多样化的发展。就其迫切性来说,主要体现在以下几点:

首先,营造和谐的外部环境是我国和平发展的必然要求。伴随着中国综合国力的快速提升,形形色色的"中国威胁论"甚嚣尘上。究其原因,是由于自然、历史和人文环境的不同形成的国家文化间的差异性造成的。我们应与其他国家进行文化互动,使中华文化魅力在世界范围内充分展现,从而有效地促使我国由文化资源大国跃升为文化大国,在展示一个对国际事务负责任的大国形象时,承担起对于世界文化发展的文化责任。

其次,有利于传播中国源远流长的"和合文化"。中国传统文化有众多的精华,诸如:"和而不同"的哲学思想。我国应利用一切可以利用的文化资源,展示"和平、和谐、合作"的治国理念和人文文化内涵,从而使世界人民看到一个负责任的中国,树立起和谐发展大国的形象。

再次,中国文化的开放性和文化创意性亟待加强。中国所拥有的丰富的历史文化资源,因为开放性和文化创意性的研发利用不足,不能得到很好的世界性传播。我们不但要融合全球异域民族的文化精髓,还应重视中国文化的创意研发,创造更多为世界接受的各类中国文化产品。①

文化"走出去",既要重视推介中华民族的传统文化,更要重视推介中国的新文化,应系统地、有针对性地开展国际文化发展战略研究。这关系到在世界多极化和经济全球化的趋势下,如何在全球文化格局中确立中华文化的重要地位问题。独立的、繁荣的中华文化,是一种强大的精神力量,是我国综合国力的具体体现。

2. 国际文化交流存在的主要问题

新时期的文化交流和文化外交活动已经走出了过去单一的官方渠道,也在组织形式和参与主体上不断开拓,但依然有很多问题值得思考。在目前开展的国际文化交流活动中,我们所举办的各种文化展览和交流活动,在很多方面都表现出了明显的滞后性。

首先,观念滞后,需要更新文化观念,树立大文化观,使文化交流赶上世界变化的脚步。如何更加全面地理解文化的深

① 祝振中:《文化"走出去"战略的理论思考》,载《山东文学》2009 年第 4 期。

刻内涵,直接制约着开展文化对外交流的行动和内容安排。中国文化是中国人在几千年生存发展的历史延续中生活方式的综合体,绝不仅仅是一开展国际文化交流就拿出展示的杂技、中国功夫、大红灯笼等所谓中国元素。作为中国文化符号,它们更多地反映了中国古代文化的辉煌,而不是今天的文化繁荣,这样一些文化产品在向外推广的过程中,仍然会面临诸多体制层面和操作层面相互掣肘的情况。中国前驻法大使吴建民接受媒体采访时说过,"中国人对文化有一个狭隘的理解,总以为文化就是唱歌、跳舞,搞点文艺活动。法国人理解的文化是大文化。这个大文化层面上的互动,带给双方的影响是深远的。"[①]这一大文化的观念,一个重要的层面就是人的素质和精神面貌。在国际文化交流中,建筑、音乐、电影等文化产品的作用很重要,但人的因素最为根本。随着现代交通通讯和信息传播手段的快速发展,世界范围内文化交流活动的深度广度大大拓展,除了各类艺术节庆、文化展示展览、演艺、文化产品贸易等传统载体外,奥运会、世博会等国际性文体活动已成为各国开展文化交流的重要平台。美国文化的传播渠道和方式早已经呈现多样化趋势,电影、电视、音乐、游戏等时尚流行文化都占有很大的全球市场份额,这些本身就是美国国际文化交流的重要载体。正是因为这个原因,在 20 世纪 90 年代关贸总协定谈判中,法国人为了保护国家和民族文化独立性,主要为了防止美国流行文化产品的强势进入,坚持在文化领域不能适用WTO 贸易自由原则,并带头确定了界定"文化例外"的六条标准。这也足见法国人长期所秉持的保护民族文化纯洁性的文化自觉意识。开展文化交流首先就要有一个开放、宽泛、更加

---

① 赵灵敏:《对外文化交流:喧嚣背后的思考》,载《南风窗》2005 年第 4 期下。

具有时代特点的文化理念作指导。

其次,目前我国文化交流活动大多以官方主导的或官方色彩浓厚的主办方为主,要更多调动民间力量,形成合力。我国国际文化交流活动缺少"以人为本"的特征,而是被赋予了十分强烈的政治色彩,具有鲜明的意识形态指向,交流的形式被"泛政治化"的情况十分严重。特别是很多民俗性、表演性的交流内容没有进入主流社会,无法影响国外精英阶层对中国文化精神的普遍价值的认识和深入了解。

因此,开展国际文化交流要多方并举、多策并用,充分调动政府、民间机构、企业、个人等方方面面的力量,充分尊重并创造条件保障民间社会成为文化对话和交流的真正主体。坚持以政府力量为主导、民间为主体、政府推动与民间实施相结合的方式,有利于避开意识形态壁垒,增强中华文化走出去的亲和力、吸引力和竞争力,在更大范围、更多层次、更广空间上加强我国与世界各国的交流与合作。十七届六中全会《决定》中就此明确提出,"开展多渠道多形式多层次对外文化交流,广泛参与世界文明对话,促进文化相互借鉴,增强中华文化在世界上的感召力和影响力,共同维护文化多样性"。开展国际文化交流坚持政府主导,更多地体现为政府要制定国际文化交流的整体规划和要求,引导并实现国家形象的塑造。政府采用行政手段推广中国文化,以政府行为的方式,让中国当代的优秀文化产品进入发达国家的展览、演艺和放映场所,这是一种通行的有效的方式。比如,我们在海外建设了九个中国文化中心,七个正在建设之中。截至2010年底,网络孔子学院开通九个语种,注册用户10万人。举办各类文化活动10 000多场次,参加人数500多万人,比

2009 年增加一倍。① 截至 2011 年 8 月底,各国已建立 353 所孔子学院和 473 个孔子课堂,共计 826 所,分布在 104 个国家(地区)。孔子学院设在 99 国(地区)共 353 所,其中,亚洲 30 国(地区)有 82 所,非洲 19 国有 24 所,欧洲 34 国有 120 所,美洲 13 国有 111 所,大洋洲 3 国有 16 所。孔子课堂设在 39 国共 473 个(缅甸、马里、巴哈马、突尼斯、坦桑尼亚只有课堂,没有学院),其中,亚洲 12 国 39 个,非洲 5 国 5 个,欧洲 14 国 100 个,美洲 6 国 310 个,大洋洲 2 国 19 个。② 这些规模化的交流活动项目,就是一种完全由政府主导且采用行政性手段进行的文化交流行为。

再次,国际文化交流的形式和方式上,要更多采用市场化、商业化的模式,更加注重物质文化产品和载体的输出与传播。我们以往的国际文化交流更多注重文化活动、文化展演等活动本身,而文化交流应该有的物质内容交往和流通太少,没有很好发挥文化贸易在文化传播交往中的重要价值,文化交流很少有经济效益方面的考虑,不讲实效,交流活动没有后续的推广和商业运作。而国外开展的对华文化交流则注重物质内容的互动交流。比如法国 2004 年秋季在北京、上海和香港三地举办的印象派画展上,法国人利用现代技术,把他们的经典艺术品进行复制,让那些参观完画展的人能够购买带走,法国文化就这样渗透到了参观者的日常生活。将文化的生产与消费与市场连接起来,又对市场提出了精致化、趣味性的趣味引导,引发人们的消费欲望。当然,只有国内的文化产业不断发展,人们习惯于用市场的眼光来看待和运作文化交流时,重实效、有物

---

① 《国家汉办暨孔子学院 2010 年度报告》。

② http://www.hanban.edu.cn(国家汉办网站)。

质内容的国际文化交流才会出现。

目前,我国文化产品出口数量有限,文化贸易出口数额比较少,文化出口国际竞争力还不强,图书版权、演艺等产业盈利很少,还是一个文化产业弱国,与邻国日本、韩国相比在国际文化贸易格局中所占的比例要小得多。在全球一体化环境下,很多国家都制定了"保护—发展—输出"本国文化的"三步走"战略。例如,英国在 20 世纪 90 年代提出了"创意英国"的文化战略,日本也确立了"文化立国"的基本策略。因此,我国制定文化战略势在必行,要进一步加大文化输出的能力建设。

为此,一是需要政府与企业进行角色转换,加强合作。美国、法国、日本等文化发达国家文化传播的主要模式以商业为主,而我国现在大都以政府间官方交流或主要由官方出资支持的活动为主,大多数文化企业资金少、规模小、竞争力有限,难以独立"走出去"。文化企业应该积极参与到政府的文化交流活动当中,适时地将文化宣传进化为常驻性文化销售和文化服务。同时,政府决不能居高临下或任由文化企业孤军奋战。

二是文化输出也须贯穿营销思维。促进中国文化"走出去",不能停留在举办几届中外文化节等方面,不同文化市场的受众群对外来文化有着不同程度的接受能力,我们要做足市场调研,针对国外受众群设计出既有中国特色又能满足国外市场需求的文化产品,做出文化品牌;要在把握传统文化精髓的基础上,对传统文化进行新的诠释,并融入国际文化元素,增强国际色彩。同时,日本文化、韩国文化对中国文化的冲击,使我们不得不重视地缘因素对中国文化的影响。在我国的地缘文化空间中,最容易恢复的共同体文化就是儒学。儒学是中国传统文化的主要构成,也是东亚地区的传统文化和文明精神。所以，重新提倡儒学有利于树立我国和平、和谐的形象，更有助于恢复我们对周边国家的文化影响力。

三是文化"走出去"进一步倒逼政府职能转变和部门联合，形成整合联动效应。目前，我国文化事业和文化产业的各个门类分别属于国家多个部门管理，不可避免地造成了政府职能交叉、多头管理等问题，影响了我国国际文化交流与合作。全面规划中国文化对外交流和文化产品出口事宜，一个声音对外，利用好现有文化对外宣传的既有资源，先实施"整合"，再进行"拓展"是当务之急。从演出、动画等产业的发展来看，我们与国外先进文化存在不少差距，主要体现在技术上、管理上和人力资源方面。当今世界，文化在信息与科技的支持下不再是静态的、平面的、单线性的。我们在鼓励文化"走出去"的时候，要特别注重提高相关产业的科技水平，充分利用高科技对文化产品制作、文化衍生品的生产等方面的影响来促进文化产品的销售。而且，翻译问题已经成为国际文化交流中的一个阻力，传统文化的精髓难以"信、达、雅"地传递给外国友人。所以，提高翻译素质和水平、公布规范的标准翻译用词并采取翻译上岗制度，也是亟待开展的配套工作。

正如中国驻南非使馆文化参赞尹亚利所说，"如何以产业运作方式使中华文化走出去，也是我们面临的巨大挑战。文化走出去的关键是文化产品走出去。为避免外界对中华文化走出去的曲解，我们应更多地采取符合当地市场运作的方式，按市场规则出牌。"①

此外，我国开展国际文化交流尚缺乏国家的整体性战略规划，虽然有了孔子学院的整体文化输出，但也暴露了很多问题。

① 《访谈：文化参赞眼中的中国对外文化交流》，载《人民日报》2011年1月7日。

民间的交往一直不能够很好启动,发挥民间机构和组织开展对外交往的有效性和主动性。因此,我国开展国际文化交流任重道远。

二、我国国际文化交流的政策

第二次世界大战结束后,法、英、德、美等发达国家都普遍重视文化在对外交流中的独特价值,逐步形成了一种开展国际文化交流的文化自觉。文化领域的交流传播也成为各国争取民族文化资源的解释权、生成文化主权的战略诉求。

我们国家开展的国际文化交流方式和范围,也随着社会发展不断得到开拓,文化交流的政策也不断得以丰富。文化交流除了直接用于政治目的,如二战时期的文化攻势,交战国家之间互打文化宣传舆论战,冷战时期两大阵营之间的文化冷战,其他时期也更常态化地开展文化教育项目,作为国际文化交流的重要载体和内容。

发达国家的文化外交和文化交流项目起步早,包含很多民间机构出于自觉的使命意识或理想主义精神,很多文化交流项目能够在雄厚财力的支撑下长期进行,国家层面也制定了一系列的法律法规,从国家政策层面得到了保障。与国外相比,我们的国际文化交流政策相对不够完善,不同部门间的行动合力也需要协调。

1. 我国文化交流政策的现状

在我国,目前关于开展国际文化交流问题,因为文化自觉性才初步觉醒,除了公共外交领域的活动外,国际文化交流还缺乏全社会的共识,也没有完整的政策法规依据。而在美国,先后出台了"富布赖特法案"(1946 年)、"史密斯蒙特法案"

（1948年）、"富布赖特—海斯法案"（1961年）等法律,确保国会每年拨款支持这些文化交流项目,几十年下来对于美国文化在全世界的传播发挥了巨大的作用。

首先,国家文化部是国际文化交流的主要部门。目前,我们国家除外交部门的公共外交之外,所开展的文化外交活动是我国国际文化交流最重要的项目,像从中法合办"文化年"开始,与多个国家互办文化年项目,在发达国家举办的"中国春节文化周"等活动,都已经成为了品牌性交流项目。国际文化交流涉及多个部门,分散在各自主管的领域当中。最集中的部门是文化部,文化部外联局的主要职能是"指导、管理对外文化交流和对外文化宣传工作;组织拟订对外及对港澳台的文化交流政策,起草有关法规草案;指导驻外使（领）馆及驻港澳文化机构的工作;指导、管理中国驻外文化中心的工作,管理外国在华文化中心的工作;组织开展对港澳台的文化交流工作;承办中外文化合作协定签订的有关工作;组织大型对外文化交流活动"。商务部、科技部、新闻出版总署、广电总局等各个部委往往都在开展本领域的国际文化交流活动。最近几年的国际文化交流活动,以及奥运会、世博会期间的数千项文化交流项目,就是由文化部牵头来完成的。这是我国开展国际文化交流的主要阵地和领导者。改革开放后,1979年1月由邓小平和卡特总统签署的《中美文化协定》,就是几十年来最重要的双边文化交流法律性文件。2001年始生效的《联合国政治、经济、文化权利公约》《联合国人权公约》等,都是我国开展国际文化交流的重要成果和政策性文件。

其次,教育主管部门负责的文化教育项目是我国开展国际文化交流的重要载体。从2004年开始,我国在借鉴英、法、德、西等国推广本民族语言经验的基础上,探索在海外设立以教授汉语和传播中国文化为宗旨的非营利性公益机构,取名为"孔子学院"。几年来,孔子学院建设快速发展,已成为世界各国人民学习汉语和了解中华文化的园地及中外文化交流的平台、加强中国人民与世界各国人民友谊合作的桥梁,受到各国人民的欢迎。孔子学院发挥在人文交流中的独特作用,通过汉语教学,加大多元文化的交流与融合,促进各种文明之间的相互理解和包容,造福各国人民,并为世界和平与人类进步做出贡献。这也是迄今为止我国政府主导、拥有政府财政支持的最大国际文化交流项目,影响已经显现。孔子学院是教育对外开放与国际交流的重要窗口。2010 年 7 月,中国颁布了面向未来十年的《国家中长期教育改革和发展规划纲要(2010—2020 年)》,明确提出,要支持国际汉语教育,提高孔子学院的办学质量和水平。国务委员刘延东在 2010 年 12 月份举办的第五届孔子学院大会上发表了《携手促进孔子学院可持续发展》的主旨演讲,明确讲到,"孔子学院总部支持各国孔子学院开展丰富多彩的文化活动,继续办好文艺巡演、教材巡展、文化巡展等品牌活动,推动中医、武术、气功、书法、戏曲、中国国画、中国歌舞、烹饪等走进社区,增进普通民众对中国的兴趣和对真实中国的了解。充分利用经贸交流、国际会议、企业合作、组织旅游等多种渠道和载体,促进国际汉语教育。"①

此外,国务院侨办等许多部门都有一些开展国际性文化交流的项目,分别在归口的领域参加或举办一些国际性文化交流活动。

---

① 汉办官网:《携手促进孔子学院可持续发展——在第五届孔子学院大会上的演讲》,2010 年 12 月 11 日。

2. 完善我国国际文化交流政策

《中共中央关于制定国民经济和社会发展第十二个五年规划的建议》提出，要"创新文化走出去模式，增强中华文化国际竞争力和影响力"。2012 年 2 月份公布的《国家"十二五"时期文化改革发展规划纲要》也在第九节专门讲"加强对外文化交流与合作"。在中央的政策支持和地方政府的大力推动下，我国文化产品和服务"走出去"步伐不断加快，呈现出品牌化、精品化、规模化发展，社会各界共同推动文化"走出去"，文化交流与贸易并重、社会效益与经济效益兼收的大好局面。但在实践中，还存在着一些机制体制方面的不适应，从政策层面上看，我国开展国际文化交流还要注意处理下述问题：

一是推动国际文化交流工作，需要加强国家层面的统一部署。目前，国家层面对推进"文化走出去"战略还没有相应的战略规划，没有明确的中长期发展目标、政策支持体系、重点任务和工程，以及实施路线图。而且，中央和地方在"文化走出去"战略实施中的责任和目标也有待明晰。

需要加强政府部门间的协调配合，理顺文化管理体制机制，加强组织领导。国家层面有多个部委负责"文化走出去"工作，由于统筹、协调和指导力度不够，致使信息未能充分共享，一些行业和文化单位各自为政，在"走出去"过程中未能形成整体合力。如在国外华人较多的地方，春节演出的"撞车"现象时有发生；一些演出团体为争得演出合同，不惜竞相压低演出价格等现象时有发生。因此，要加强对外文化贸易的体制机制建设，发挥政府强有力的调控和推动作用。

为加强对"文化走出去"工作的领导，国务院建立了以文化部为牵头单位的"对外文化工作部际联席会议"，但其对部门工作的整合力度还有待加强,要提高管理层级,加强协调整合力度。在省市层面,也要建立由分管领导牵头、相关部门参与的"文化走出去"协调机构,领导和管理全省"文化走出去"工作。

二是制订"国际文化交流"战略规划,明确"文化走出去"的战略目标和战略重点。结合"十二五"规划的制定,科学编制"文化走出去"的战略发展规划,并作为"十二五"期间文化建设的重要战略任务来部署。要明确"文化走出去"的中长期战略目标,明确政策导向和重点工程、重点任务,列出路线图和时间表;明确国家与地方、东部沿海与中西部地区,以及边疆省份的分工和任务,做到各有侧重。

需要进一步完善支持"文化走出去"的具体政策措施。近年来国家陆续出台了一些鼓励文化产品出口的政策措施,但还未建立起相对完善的对外文化贸易的政策扶持体制,还需要在资金支持、税收减免等方面加大支持力度。此外,还需要加强部门规章与相关政策的衔接配套,制订和完善地方性扶持政策、有关文化产业监管的分类标准和文化资产评估办法。

三是提高文化传播能力,扩大文化影响力。中国文化要走向世界,必须提升文化的传播能力。其一,建立国际文化交流的新载体——国际文化服务贸易平台。要积极开拓文化服务贸易市场,在中华文化与世界文化之间、文化交流与文化贸易之间,搭建一个互通互动的交流平台。如深圳国际文化产业博览会和上海国际文化服务贸易平台,已成为国内外文化贸易、国际文化交流的重要载体。其二,创新对外文化传播手段。运用高新技术创新对外文化传播方式,增强中华文化的国际辐射力。新闻媒体是信息传播、文化扩散的重要载体,在文化传播中处于特殊地位。要把提升主流媒体影响力作为提高文化传播能力的战略重点,形成与我国国际地位相称的舆论力量。同时,要深刻认识互联网在文化传播方面的巨大潜能,高度重视互联网的运用和管理,把发展积极健康的网络文化作为提高我国文化软实力的新引擎,努力使互联网成为传播社会主义先进文化的新阵地、公共文化服务的新平台、人们健康精神文化生活的新空间。其三,通过非政府组织向海外传播。鼓励一切有勇气的青年走出去,到海外从事教育、文化、医疗、经贸、劳务等各项服务事业,普及中国语言,传播中国文化,加深中外之间的了解、信任和友谊,提高中国的国际地位和影响。努力发挥海外华人华侨的媒介作用,借助遍布全球的华人社团,建设一个文化传播的网络。对外传播要在维护国家利益的前提下,发挥传播方式的真实性、生动性、具体性,增强责任感。其四,抓住各类重大会议和国际间活动等机会大力提升中国形象传播。大力开展文化外交活动,充分发挥首脑、政府官员的公共外交作用。同时积极开展民间外交,争取举办更多的国际会展、经济论坛、学术交流和体育赛事等活动,把反映中国良好形象的音像资料放到国际主流传播平台上去积极传播,让更多的外国人将在我国的实地见闻和亲身感受传给其公众、影响其公众。通过全方位的外交活动,展现我国的整体文化面貌,提升我国的良好形象,增强我国文化的吸引力。①

　　四是更加重视文化产业和文化对外贸易的价值和作用。不同国家在开展国际文化交流中,都需要考虑如何借助文化传播表达自己民族的历史,塑造民族的形象,阐释民族文化的意义,维护民族集体文化认同和民族文化存在特征。我们开展文化交流的目的是在文化输出的过程中宣传中国的优秀文化,赢

---

　　①　陈方刘:《着力提升国家文化软实力》,载《党政论坛》2010 年第 12 期。

得中华文化应有的国际地位。以"文化产业"为代表的国际文化交流在新的时代将担负主要的责任,它可能带来消费模式与价值观念的变革,引发新形态的新兴产业与新潮流,逐步改变"文化逆差",即中国的国际文化交流严重"入超"问题。因此,推动中华文化走向世界,必须坚持在面向国外普通民众的同时,也要大胆创造各种文化品牌,抓住主流社会高端人群这个关键,使中华文化传播得更广更远。加强国际传播能力建设,打造一些新的文化传播平台,使我们的图像、声音、文字、信息、影视节目更广泛地传播到世界各地。比如山西小城平遥,创造性地开辟出对外交流的"文化口岸"——"平遥国际摄影节",创建了中国第一个国际图片展示交易盛会。如今平遥国际摄影大展以摄影艺术为桥梁,以国际性、文化品位、专业氛围、商业延伸的品牌个性搭建了以图片为世界语的国际化交流平台,吸引了全世界摄影师并通过他们向世界传播华夏五千年灿烂文明,促进了中国与国际间的摄影文化交流,提升了中国摄影艺术的品位,为中国摄影艺术走向世界起到了积极的推动作用。①这就是新时期地方政府的一个创造性文化交流举措,一个新的有效开展文化交流、传播城市品牌和形象的成功范例。

 案例一:

英国最庞大的海外文化交流基地——英国文化协会

在欧洲主要国家中,英国是有组织的国际文化交流起步较晚的一个国家。在 1934 年之前,外交部、驻外使馆和外贸部等

---

① 刘红:《对外文流的"文化口岸"——平遥国际摄影大展的成功经验》,载《山西政报》2005 年第 5 期。

不同的政府部门虽然也从事在海外宣传和树立英国形象的工作,但它们的工作缺乏系统的规划和必需的资金,相形之下一些民间组织如"世界人协会"(All Peoples Association)通过设置高校学术交流项目、创办杂志、对外广播、建立人际联系等,采取更全方位的方式致力于海外文化交流。因此,在外交部新闻司司长的支持下,1934年在"世界人协会"这个民间组织的基础上成立了一个新的组织,负责全面整合和协调英国的国际文化交流活动,以应对来自其他国家如法国、德国日益强烈的竞争和挑战,这个组织就是英国文化协会,它至今仍是英国最具影响力的文化交流机构并自始至终保持着非政府组织的地位。①

第三节　促进国际文化交流的重点工作

　　中国文化的核心精神寓于中国的历史、中华民族的思想和中国的现实国情与发展理念之中。中国语言的对外传播是中国文化对外宣传的基础。中国经济的迅速发展以及伴随中国经济发展而兴起的"汉语热"为中国文化的对外传播创造了条件。如果能以政府为主导整合各种人、财、物等资源,形成合力,以各种有效方式对外加强宣传中国的历史、中华民族的思想以及中国的现实国情与发展理念,则能实现文化上的"中为洋用",国际文化交流就能够取得更好的效果。

　　全球化时代不仅表现在经济的全球化、政治的多极化,同样也表现在多国文化的交融汇聚。我国的全方位对外开放不仅表现在经济领域,也表现在文化领域。文化开放不仅仅是

---

① J. M. Mitchell, International Cultural Relations, pp. 38-42.

"引进来",而且也包括"走出去",没有文化"走出去"的开放是不完整的开放。根据《国家"十二五"时期文化改革发展规划纲要》的基本精神,在"十二五"时期,开展国际文化交流应重点做好以下几个方面的工作。

一、建设好海外文化传播阵地

我国在国外已经有了多个展示中国文化的阵地,也开展了一些畅销的有效活动载体,要进一步完善、提高这些文化传播依托载体的功效。

1. 海外文化中心和孔子学院建设

我国已在非洲、欧洲和亚洲的九个国家建立了中国文化中心(南北美洲和大洋洲尚无中国文化中心),要加快海外中国文化中心建设,建立对外文化传播的有效阵地。目前已经在建、商谈和提出希望建设中国文化中心的还有将近四十个国家。海外中国文化中心要根据我国外交的总体需要,加强与驻在国文化机构的合作,面向国外主流社会,以展示我国悠久文明和当代经济、文化建设成就为主要任务。在建设布局上,要以欧美和周边国家为重点,辐射广大亚非拉国家,以形成海外中国文化中心网络。"文化走出去"战略既是一个文化战略,更是一个政治战略,是中国参与全球化时代话语权争夺的重要举措,是在"非传统安全"成为国家主要安全威胁的背景下,维护中国文化安全和意识形态安全的重要举措,是不断增强文化竞争力和国家软实力的需要。

在国家财力的支撑下,孔子学院已经成为当今汉语言国际教育和传播中国文化的最重要平台。2011年,全球新增了36所孔子学院,新建了131个孔子课堂,学习汉语的人数增长了

39%,有 8 000 多名教师和志愿者奔赴 100 多个国家教授汉语,有 118 个国家的 5 000 多名学生接受奖学金到中国学习研修。未来发展中要把握好数量与质量、突出重点与全面推进、语言教育与文化传播、政府引导与市场运作等重要关系,提高国际汉语教育工作科学化水平。

2. 锻造国际文化交流品牌

最近这些年,由政府部门主导了的一些双边"文化年"活动,甚至在一些中国的传统节日,特别是春节期间,我国往往会在世界上许多国家都举行一些文化活动,集中展示中国古老传统文化的魅力。这些都已经成为有品牌影响力的常态化文化交流项目。未来还要整合社会科学、文学艺术、新闻、广播电视、电影、出版、版权、民族、侨务、体育、旅游等资源,充分利用多边和双边机制,开展国家文化年、中国文化节、"感知中国"等品牌活动,推广中华春节文化,打造"欢乐春节"等文化交流新品牌。

3. 进一步整合、拓展"文化走出去"的平台渠道和服务机构

文化"走出去"运行机制的市场化程度偏低,平台和渠道狭小,缺乏真正意义上的以专营中国艺术为主的国际展演经纪机构和经纪人。文化交流项目多为政府主导的非营利性项目,"送出去的多,卖出去的少"。2009 年,境外商业演出 16 373 场,演出收益只有 7 685 万元,平均每场不到 5 000 元(不含食宿和旅费)。在文化出口的指导方面,由于对文化出口贸易方面的研究不够,文化贸易进出口的数据信息统计方面有所欠缺,使有关方面不能为文化企业及时提供全方位的、有效的信息服务。[1] 要整合、拓宽渠道,建立国际市场的营销网络和走出去服

---

① 吴卫民等:《中国文化"走出去"路径探析》,载《学术探索》2008 年第 6 期。

务平台。从国家和省市层面,要为推广我国的文化产品做好宣传、服务工作。加强国际文化产品和服务交易平台及国际营销网络建设,办好重点国际性展会。发展对外文化中介机构,培育专业贸易公司和代理公司,构建完整有效的投资信息平台和文化贸易统计分析体系。要加大政府牵头、文化企业参加的各种国际和国内展会的组织力度,以提高中国文化产业在世界范围内的知名度;有关部门要定期出台"企业投资海外文化产业指导目录",为文化企业投资海外提供导向和指南;建立健全行业协会,组织国内文化产业机构与海外中介机构的合作;以国家财政支持的方式成立文化产品编译工作室,为文化产品提供高水平、高性价比的编译服务。①

二、推动文化产品和服务出口

文化贸易的增长既与我国文化产业发展的整体水平和综合竞争力有关,也与我国国际文化交流的相关政策的完善相关。通过市场化、产品化的文化贸易来实现文化交流的目的,这与我国自觉主动地多样化传播中华文化的理念有关。

1.完善文化贸易政策

最近几年,我国文化贸易成长迅速,中国文化产品和服务加快了"走出去"的步伐,这与国家扶持文化贸易的政策不断完善息息相关。以版权产业为例,图书版权引进输出比由 2002 年的 1∶15 提高到了 2009 年的 1∶3.3;电影方面,我国电影海外票房从 2002 年的数亿元增加到 2009 年的 27.59 亿元,电影出口数量从 2002 年的 20 多部增加到 2009 年的 185 部次。从政策层面来讲,文化贸易政策也是从无到有不断完善的。2004 年

---

① 朱琰:《文化交流与文化竞争软实力》,载《艺术百家》2008 年第 4 期。

第五章　国际文化交流

始,我国文化贸易逆差问题开始受到大家的关注,由中宣部等六部委联合下发《关于加强文化产品进口管理的办法》(中宣发[2005]15号),这是关于文化产品进出口较早的法规之一。《办法》梳理了网络游戏、音像制品、营业性演出、境外电视剧、影视动画片和电视节目的引进、合拍及境外卫星频道落地、境外报刊发行、版权贸易等文化产品及服务进口的办法,并提出了文化产品进口经营许可证制度和年检制。2006年出台的《国家"十一五"时期文化发展规划纲要》围绕文化贸易迫切要解决的问题,进一步从渠道开拓、培育骨干型文化企业、实施"走出去"重大项目工程等方面给予了更多的关注。这些新的纲领性的政策,都更加突出了实现我国文化"走出去"的迫切性。2009年,为了应对金融危机,我国出台了《文化产业振兴规划》,明确将"文化产品和服务出口进一步扩大"作为五个主要目标之一,并在如下几个方面对对外文化贸易进行扶持:一是总体鼓励政策,二是制定国家文化出口重点企业和小项目名录(品牌性企业和项目),三是重点支持动漫、网络游戏等新兴文化产品进入国际市场,四是鼓励企业积极参与国内文博会、国际大型文化展会。这成为我国文化贸易政策的一个汇集,分别在重点产业领域、渠道等方面进行了原则性的规划。

当然,我国文化贸易政策由于条块分割等因素的影响还不成体系,存在着不同行业的不平衡问题,需要进一步完善、健全对外文化贸易政策的支持体系。

2. 加快文化贸易的各类市场主体培育

我国文化企业参与国际竞争,关键还要依靠市场经济中的各类市场主体的竞争力。因此,要培育一批具有国际竞争力的外向型文化企业和中介机构,形成一批有实力的文化跨国企业

165

和著名品牌;扶持文化企业开展跨境服务和国际服务外包,生产制作以外需为取向的文化产品;扩大版权贸易,保持图书、报纸、期刊、音像制品、电子出版物等出口持续快速增长,支持电影、电视剧、纪录片、动画片等出口,扩大印刷外贸加工规模;扶持优秀国产影片进入国外主流院线,国产游戏进入国际主流市场,数字出版拓展海外市场,开发一批在境外长期驻场或巡回演出的演艺产品,逐步改变主要文化产品进出口严重逆差的局面;积极参与国际文化贸易规则的制定;充分利用香港、澳门区位优势,推动文化产品和服务出口。

三、创新文化输出的机制保障

1. 开展国际文化交流,要鼓励全社会参与

政府的主导作用和主体角色地位要发挥指导和引导作用,这更多体现在文化外交领域。但政府要更多采用引导企业或社会组织采用商业化运作的手段,积极探索市场化、商业化、产业化的运作方式,打造一批具有国际竞争力的文化企业,打造具有重要影响力的国际文化交易平台,推动我国文化产品和服务出口,扩大市场份额,挖掘民间文化输出的潜力,借助文化贸易达到文化交流的目的。

2. 扩大文化企业对外投资和跨国经营

要采取多种方式,鼓励文化企业通过投资、合资、参股等有效途径,在境外兴办文化实体,经营影院、出版社、剧场、书店、报刊、广播电台和电视台等,鼓励从事具有中国特色的影视作品、出版物、音乐舞蹈、戏曲曲艺、武术杂技和演出展览等领域的文化企业采用多种形式开拓海外市场,使我国文化产品更直接地参与国际文化市场竞争。比如北京天创国际文化交流有限公司通过直接在国外并购剧场,介入、完善演艺产业链条,把许多优秀的中国演艺文化产品无距离地销售到国外观众面前,就是一个很有代表性的个案。

3. 加强各种非政府组织的文化交流功能

开展国际文化交流,要更加重视各种民间机构和组织的主体作用。只要政府给予非政府组织强有力的支持,保持与发挥非政府组织的独立性,就可以很好地发挥非政府组织在文化交流领域的先行作用,使非政府组织成为国家输出自己的价值观念、从事文化外交的"主力军"。非政府组织不仅作为国家文化交流的先行者在其他国家活动,同时也分担了许多作为国家政府机构不适合完成的任务,既满足了民间的需求,又完成了国家的任务。欧洲各国非政府组织在本国文化对外发展中起到了不容忽视的作用。比如法国最大、最具影响力的国际文化交流机构"法语联盟",遍布世界 133 个国家,在世界各地拥有 1 070 余所分支机构,注册学生 45 万,每年参加其举办的各种文化活动的人次达 600 余万,"法语联盟"在中国北京、上海等 11 座城市设有培训中心,注册学生超过 2 万人。[①] 因此,我们要把政府交流和民间交流结合起来,发挥非公有制企业、文化非营利机构等组织在文化交流中的作用。

 案例二:

中法文化年

中法文化年是由法国政府与中国政府合作举办的一系列

---

① 唐虹:《非政府组织和国际文化交流——以英国、法国和德国的经验为例》,载《欧洲研究》2009 年第 2 期。

大型文化交流活动,我国与国外举办大型文化年活动起源于此。2003年10月至2004年7月,中国在法国举办文化年,2004年秋季至2005年7月,法国在中国举办文化年,前后跨度为三年。

中法互办文化年决策层次高,是两国最高领导人亲自确定和支持的项目。1999年前中国国家主席江泽民访法和2000年前法国总统赫拉克访华期间初步商定举办文化年活动。2001年4月,中国国务院主管文化事务的前副总理李岚清访问法国,与法国外交部长韦德里纳签署了有关举办文化年的《会谈纪要》,正式商定了文化年的举办时间。6月,两国组建了中法文化年混合委员会,中方由文化部部长和中外交流协会会长牵头,法方由一名法兰西学院院士和法国文化部国际司司长负责,开始正式筹备文化年活动。混委会共举行了五次会议,在具体项目的运作上采用从策划到实施的全方位合作方式。

中法两国拥有许多共同的政治立场与合作,高层的互访不断,促进了民间的交流活动。经济上,欧盟的一体化为中国提供了巨大的海外市场,法国不断地向中国出售高新技术产品。两国都对自己的历史文化非常自豪,文化交流在两国关系发展中占有特殊地位,这为文化年活动提供了契机。

中国曾在法国举办过"中国文化周"、"中国文化季",这次扩展为"文化年",规模不断扩大,内容更加丰富。在"古老的中国、多彩的中国、现代的中国"主题下,中国文化年以"大文化"的视野,涉及文学艺术、教育、科技、广播电视、图书出版、青年、体育、民族、宗教、建筑、环保、旅游等方面,共计三百多个项目。法国文化年以"浪漫、创新"为主题,全方位展示法国传统的、现代的和多元的文化。中法文化年的亮点包括了中国康熙时期文化展、三星堆文物展、中国中央民族乐团与巴黎国家交响乐团的合作演出、法兰西巡逻兵访华特技飞行表演、法国印象派画展和法国百年时尚展等。

中法文化年创造了一种平等的交流模式,它体现为"互办",体现为尊重。活动覆盖面积广,两国地方省市之间广泛互动。中国文化年活动将通过友城等渠道覆盖法国全境。两国现有的46对友好省区和城市对文化年活动都表现出很大的热情。北京、上海、广州、重庆和武汉等城市将分别在巴黎、马赛、里昂、图鲁兹和波尔多等城市举办文化周活动。政府和民间亲密合作,从民间团体到商界企业界,都自觉自愿地投入人力和财力,涉及的各相关部门也通力合作和相互理解。

总体上,此次文化年具有决策层次高、时间跨度长、参与范围广、覆盖面积大、合作程度深、项目质量佳等诸多特点,在进一步加深两国人民彼此的了解、推动中法关系的发展方面具有深远的意义。中法文化年对我国文化外交活动具有示范意义,此后,我国与意大利、俄罗斯等国家相继举办了文化年活动。

思考题:

1. 国际文化交流和文化外交间的关系是什么?

2. 政府如何创新国际文化交流的形式?

3. "十二五"时期国际文化交流的工作重点是什么?

第六章　我国文化体制改革

　　【内容提要】本章简要梳理了改革开放以来特别是党的十六大以来,我国文化体制改革的整个历程、主要阶段和取得的重要成就;概述了新的历史条件下,我国文化体制改革现状与新技术新媒体飞速发展、人民群众文化需求日益增长和文化生产力大幅提升尚不相适应的主要矛盾和问题;指出了为实现充分解放和发展文化生产力,促进社会主义文化大发展大繁荣,建设社会主义文化强国的宏伟目标,深化我国文化体制改革当前和今后一个时期必须完成的主要任务。

　　【关键词】文化体制　　文化体制改革　　文化事业和文化产业

第一节　改革开放以来我国文化体制改革历程

　　文化体制也体现为文化产品专业化生产的组织构架与制度安排。文化体制改革则是我们党为了使文化发展能够适应一定时期的政治、经济和社会发展的需要,以特定的意识形态为价值导向,有计划、有目的、有步骤地改变旧的文化发展体制等,并在遵循文化自身发展规律和社会主义精神文明建设的特点与规律的基础上,建立起一套新的能够与所处阶段的政治、经济、社会发展相适应的文化体制和运行机制。

从理论上讲,经济基础决定上层建筑,文化体制作为上层建筑的一部分,必须不断适应生产方式的变化,按照文化发展内在运行规律和顺应人民群众日益增长的文化需求的需要,与时俱进,改革创新。

我国的文化体制改革一直是我国改革开放事业的一个重要组成部分,贯穿于改革开放以来经济社会发展的全过程。党的十一届三中全会后,我国实施对内改革、对外开放的重大战略调整,文化体制改革随之也相继展开、不断深化、稳步推进。纵观文化体制改革三十多年来的演进,现在理论界大体将整个历程划分为酝酿起步、初步探索、稳步推进、整体突破四个发展阶段,其中每个阶段基本都顺应了当时的经济社会发展阶段性特征,取得了相应的改革突破和发展,每个阶段又为下一阶段的改革发展奠定了扎实的理论和实践基础。

第一阶段:酝酿起步(1978 年至 1991 年)。随着我国经济体制改革的开启和实施,文化体制改革在原来计划管理体制的框架下酝酿起步并在相关领域逐步拉开帷幕。

1979 年 10 月,邓小平代表中共中央在中国文学艺术工作者第四次代表大会上祝辞,提出了新时期我国文学艺术事业发展的指导方针。对文化体制改革而言,这个讲话奠定了思想理论基础,划清了政治与文艺的界限,为文化体制的改革提供了政治保障,也指明了文化事业前进的方向。

1983 年 6 月,六届全国人大一次会议的《政府工作报告》提出"文艺体制需要有领导有步骤地进行改革"①。1985 年中共中

---

① 《十二大以来重要文献选编》(上),人民出版社 1986 年版,第 347 页。

央办公厅、国务院办公厅批转了文化部《关于艺术表演团体的改革意见》,要求改变全国专业艺术表演团体数量过多、布局不合理的状况,在大中城市,专业艺术表演团体要精简,重复设置的院团要合并或撤销,并对市、县专业文艺团体设置提出了具体的调整要求。1988 年 5 月,全国文化会议讨论了《关于加快和深化艺术表演团体体制改革的意见》,提出了实行"双轨制"的具体改革意见。① 其中的一轨为国家扶持的少数全民所有制院团,另一轨为多种所有制的艺术团体。

这一时期的文化体制改革是作为经济体制改革的一部分进行的,总体上纳入了经济体制改革的轨道,使用的手段、方式、方法也都是源于经济体制改革。这一期间,文化体制改革主要取得了以下几项成果:

1. 明确提出了文化体制改革的任务和目标。1980 年 3 月,文化部召开了全国文化厅局长会议,讨论和交流了艺术表演团体体制改革问题。大会认为艺术表演团体的体制和管理制度方面的问题很多,严重地影响了表演艺术的发展和提高,要坚决地、有步骤地改革文化事业体制,改革经营管理制度。1983 年国务院《政府工作报告》中提出,文艺体制需要有领导有步骤地进行改革。改革是为了促进社会主义文艺的繁荣,提高作家艺术家的思想艺术素质,提高作品的思想艺术质量。

2. 文艺与演出部门体制改革逐步展开。在文艺与演出领域实行"双轨制",其中的一轨为少数代表国家和民族艺术水平的,或带有实验性的,或具有特殊的历史保留价值的,或少数民族地区需要国家扶持的艺术表演团体,实行全民所有制,由政府文化主管部门主办;另一轨为其他绝大多数的规模比较小、

---

① 《中国改革全书·文化体制改革卷》,大连出版社 1992 年版,第 219 页。

比较分散、演出的流动性比较强的艺术表演团体,实行多种所有制形式,由社会力量主办,进行自主经营、独立核算、自负盈亏。同时,还推行了以承包经营责任制和"以文补文"为主要内容的改革。这在很大程度上解决了文化单位出现的经济困境,并对发展农村文化事业起到了有益的作用。

3. 新闻出版部门体制改革逐步深化。这期间,新闻出版体制改革主要包括运行机制改革、发行体制改革、价格体制改革和内部体制改革四个方面。其中推行的"事业单位企业化管理"政策,是新闻出版部门实施由完全的计划运作转向市场运作的重要转折。1982 年 6 月,在《关于图书发行体制改革工作的通知》中提出了建立以国营书店为主体、多种流通渠道、多种经济成分、多种购销形式、少流通环节的发行体制。1984 年,国家开始对书刊价格体制进行改革,取消了统一定价制度,对书刊定价实行分级管理。此外,新闻出版领域也实行了以承包责任制为主的内部体制改革,大大增加了新闻出版单位的活力,提高了其服务水平和市场竞争力。

4. 文化市场开始出现,部分文化行业的产业性质得到政府认可。在 1985 年国务院转发国家统计局《关于建立第三产业统计的报告》中,文化艺术作为第三产业的一个组成部分被列入国民生产统计的项目。1988 年,文化部等颁布《关于加强文化市场管理工作的通知》,第一次在政府文件中使用了"文化市场"的概念,并对文化市场的范围、管理原则和任务等做了明确界定。1991 年,在国务院批转的《文化部关于文化事业若干经济政策意见的报告》中正式提出了"文化经济"的概念。

可以说,上述各项改革措施的落实,在一定程度上促进了文化事业的发展。但随着改革的不断深入,文化体制中许多深层矛盾也逐渐暴露出来,阻碍着文化事业的发展。如层层建立专业文艺团体,重复设置,人、财、物的浪费等,文化单位的布局方面并没有大的改观。单位内部改革中分配领域的平均主义还普遍存在,没有形成很好的激励机制和淘汰机制。改革还缺乏总体布局和规划,改革措施不协调、不配套,有些还回到了老路上去。[①] 总起来说,这一时期的体制改革尚有处于初步的、转轨式的、比较被动的改革特点。

第二阶段:初步探索(1992年至1996年)。从上世纪90年代初,我国确立了社会主义市场经济的改革方向,也为确立我国文化体制改革提供了动力,创造了条件,文化体制改革逐步向市场化改革方向探索和递进。

1992年初,邓小平同志发表南方谈话和党的十四大胜利召开引领了新一轮的思想解放。南方谈话充分肯定了改革开放政策的正确性,要求坚持改革开放不动摇;党的十四大明确了我国建设社会主义市场经济体制的改革方向。这些对文化体制改革起到了催化剂作用,也标志着我国文化体制改革进入新阶段。

党的十四大报告在论述社会主义精神文明建设时,特别强调了文化建设的重要作用,提出要"积极推进文化体制改革,完善文化事业的有关经济政策"。[②] 在1992年出版的由国务院办公厅编著的《重大战略决策——加快发展第三产业》一书中,"文化产业"的概念被提了出来,这是我国政府部门第一次使用"文化产业"概念。1993年12月8日,《中国文化报》以一个整

---

① 《中国改革全书》,大连出版社1992年版,第42页。
② 江泽民:《加快改革开放和现代化建设步伐 夺取有中国特色社会主义事业的更大胜利——在中国共产党第十四次全国代表大会上的报告》,载《人民日报》1992年10月21日。

版的篇幅发表了当时文化部领导的讲话,提出"在改革开放中发展文化产业",这是我国政府文化行政部门领导人首次全面阐述文化产业的政策性意见。1993 年,在八届全国人大一次会议的《政府工作报告》中对文化体制改革作出进一步部署,提出要深化文化管理体制改革,鼓励社会办文化,培育和发展健康的文化市场。

这一时期我国文化体制改革取得的成果主要表现在:

1. 文艺与演出部门体制改革有了重大进展。1993 年和 1994 年,文化部先后发布《关于进一步加快和深化艺术表演团体体制改革的通知》和《关于继续做好艺术表演团体体制改革工作的意见》两个重要文件,一是重点调整艺术表演团体的布局结构,如国家重点扶持少量的在国内外、省内外有重大影响,或具有实验性、示范性和民族代表性,或具有历史保留价值的艺术表演团体;二是要求苦练内功,搞活内部经营机制。

2. 电影部门的体制改革取得明显成效。1993 年 1 月,广电部发布《关于当前深化电影行业机制改革的若干意见》,强调电影制片、发行等企业必须适应社会主义市场经济体制,改变计划经济体制下电影的"统购统销",调整了制片、发行、放映之间的经济分配不合理状况。1996 年 3 月,对我国电影管理体制进行战略性改组,将地方文化行政部门隶属的电影制片单位统一划归广电行政部门管理。1996 年 5 月,国务院颁布《电影管理条例》,初步形成了以该条例为核心、各门类规章和规范性文件相配套的比较齐全的法制体系。

第三阶段:稳步推进(1996 年至 2002 年)。这一阶段,我国文化体制改革随着社会主义市场经济体制的建立和逐步完善,稳步推进并日益提速,改革从完全依靠被动式的文件推动转向文化部门的自主选择和内在驱动,文化建设的各大领域进行了一系列改革探索。

到 20 世纪 90 年代末,我国文化体制改革已由主要模仿经济体制改革向把握文化体制改革自身规律转换,并以 1996 年和 2000 年分别颁布的《中共中央关于加强社会主义精神文明建设若干重要问题的决议》和《中共中央关于制定国民经济和社会发展第十个五年计划的建议》两个文件为显著标志。前一个文件提出了新时期文化体制改革的目标、任务和一系列基本方针,指出"改革文化体制是文化事业繁荣和发展的根本出路。改革的目的在于增强文化事业的活力,充分调动文化工作者的积极性",提出要符合精神文明建设的要求,遵循文化发展的内在规律,发挥市场机制的积极作用,逐步形成国家保证重点、鼓励社会兴办文化事业的发展格局等;后一个文件则强调要坚持把社会效益放在首位、社会效益和经济效益相统一的原则;深化文化体制改革,必须建立科学合理、灵活高效的管理体制和经营机制;完善文化产业政策,加强文化市场建设和管理,推动有关文化产业发展等。指导文件还对未来五到十年的文化体制改革和文化建设提出了要求和原则性的意见,并第一次在党的中央文件中正式提出了"文化产业"的概念,要求"完善文化产业政策,加强文化市场建设和管理,推动有关文化产业发展"。①

值得强调的是,随着上世纪 90 年代中后期到进入新世纪全球数字化信息技术革命出现飞跃性发展,特别是互联网技术的全面发展,网络文化经济逐步进入经济社会运行之中。通信和视听消费电子产品数字化进程加速发展,直接带动了我国相关

---

① 《中共中央关于制定国民经济和社会发展第十个五年计划的建议》(2000 年 10 月 11 日中国共产党第十五届中央委员会全体会议通过),载《人民日报》2000 年 10 月 19 日。

文化产业的发展。随着传统的大众媒体,如新闻出版、广播电影电视业等均在与信息技术、互联网技术产业迅速靠拢和接轨,"新媒体"开始在报刊、广电、出版等文化领域中介入、成形,并逐渐形成为新兴文化产业的主体。

这一时期,由于文化技术手段及其文化生产力的大步提升并带动文化产业的快速兴起,文化体制改革在以下几方面取得新的突破。

1. 文化领域机构改革纵深推进。1998 年 6 月,按照中央关于转变政府职能、实行政企分开的要求,将文化系统各部门的部分职能转交给企业、社会中介组织和地方,实现了部分职能的调整转移,精简了人员。国务院所属文化管理机构也进行了改革,文化部保留,国家广播电影电视部改为国家广播电影电视总局。2000 年,新闻出版署(国家版权局)更名为国家新闻出版总署(国家版权局)。文化管理机构的地位得到显著提升。

2. 新闻出版和广播电视电影领域体制改革步伐加快。2000 年,在国家广电总局、文化部印发的《关于进一步深化电影业改革的若干意见》中,对今后电影市场的改革思路做了进一步的阐明,一是要规范组建电影企业集团,二是对电影全行业提出了"试行股份制,调整产权结构"的要求,三是建立以院线为主的供片机制,四是调整进口影片的供片政策。2001 年,在《关于深化新闻出版广播影视业改革的若干意见》中提出文化体制改革要以发展为主题,以结构调整为主线,以集团化建设为重点和突破口,着重在宏观管理体制、微观运行机制、政策法律体系、市场环境、开放格局等 五个方面进行了积极探索与创新。

3. 组建文化产业集团。1996 年 1 月,《广州日报》成立了我国第一家报业集团,此后,中国报业集团进入快速发展时期。到 2002 年初,共组建了七十多家文化集团。在电影改革中还组建了电影院线三十多条,分布于全国二十三个省市。①

4. 加强文化产业法制建设。这一时期相关部门陆续制定了二百多部法律法规、政策性文件或部门规章,涵盖了新闻出版、广播影视、互联网等诸多领域。如《广播电视管理条例》、《出版管理条例》、《音像制品管理条例》,保障了文化产业的健康发展。

第四阶段,整体突破(2002 年至 2011 年)。党的十六大以来,我国文化体制改革进入加速发展、整体突破阶段,出现一系列重大突破。②

2002 年 11 月,党的十六大召开。大会报告中首次将文化领域分成"文化事业"和"文化产业"两个方面,要求"抓紧制定文化体制改革的总体方案"。③ 也正是从十六大开始,我国文化体制改革开始进入整体突破、加快发展阶段。2003 年 6 月,全国文化体制改革试点工作会议召开。会议就文化体制改革的重要性与紧迫性、基本原则、着力点、基本出发点、基本思路、工作方针等多个侧面阐述了搞好文化体制改革试点工作的基本要求,特别强调要树立与社会主义市场经济体制相适应的新的文化发展观,要深刻认识到在市场经济条件下,文化特别是经营性文化产业必须面向市场、面向群众。2003 年 10 月,十六届三中全会通过了《完善社会主义市场经济体制若干问题的决

---

① 胡惠林:《文化产业发展的中国道路》,上海人民出版社 2004 年版,第 25 页。

② 齐勇峰:《文化体制机制改革:进展、难点和前景展望》,载《人民网》理论频道 2011 年 10 月 15 日。

③ 江泽民:《全面建设小康社会,开创中国特色社会主义事业新局面——在中国共产党第十六次全国代表大会上的报告》,载《人民日报》2002 年 11 月 18 日。

定》。《决定》明确把文化体制改革纳入完善社会主义市场经济体制的重要任务,进一步确定了深化文化体制改革的总体思路和目标,要求"按照社会主义精神文明建设的特点和规律,适应社会主义市场经济发展的要求,逐步建立党委领导、政府管理、行业自律、企事业单位依法运营的文化管理体制";其中,对于公益性文化事业单位强调"要深化劳动人事、收入分配和社会保障制度改革,加大国家投入,增强活力,改善服务",对于经营性文化产业单位则"要创新体制,转换机制,面向市场,壮大实力"。同时还提出要"健全文化市场体系,建立富有活力的文化产品生产经营体制。完善文化产业政策,鼓励多渠道资金投入,促进各类文化产业共同发展,形成一批大型文化企业集团,增强文化产业的整体实力和国际竞争力。依法规范文化市场秩序"。

党的十六届四中全会在通过的《中共中央关于加强党的执政能力建设的决定》中提出"深化文化体制改革,解放和发展文化生产力",这反映了我们党对文化体制改革的认识深入。十六届五中全会又在《中共中央关于制定国民经济和社会发展第十一个五年规划的建议》中,从推进社会主义和谐社会建设的角度,明确提出要形成"两个格局"即"以公有制为主体、多种所有制共同发展的文化产业格局和民族文化为主体、吸收外来有益文化的文化市场格局"等概念,为我国文化体制改革勾画了整体框架。

2005年底,中共中央、国务院下发《关于深化文化体制改革的若干意见》。从这一文件的出台到党的十七大召开,文化体制改革思想进一步理论化和系统化。《意见》总结了前一阶段改革试点经验和问题,细致规划了文化事业单位改革、文化企业改革、文化领域结构调整、现代文化市场体系培育和健全宏观管理体制、加强文化体制改革工作领导的具体思路,为文化体制改革的整体推开提供了全面的政策指引。①

2006年9月,中央印发《国家"十一五"时期文化发展规划纲要》,对"十一五"时期文化发展的指导思想、方针原则、目标任务作出全面阐述。《纲要》一方面明确提出了建设实用、便捷、高效的公共文化服务网络的要求,并从积极推进政府职能转变、切实把政府的职能由主要办文化转到社会管理和公共服务上来,坚持公共服务普遍均等原则以实现和保障公民基本文化权益;另一方面,明确了影视制作业、出版业等九大重点发展的文化产业门类,提出了优化文化产业布局和结构、转变文化产业增长方式、培育文化市场主体等目标要求。

2007年10月,党的十七大报告中专章阐述了"推动社会主义文化大繁荣"的重要性,报告从中国特色社会主义事业四位一体总体布局的高度,强调了文化建设的重要战略地位,对"推动社会主义文化大发展大繁荣"提出了目标要求,进一步明确了深化文化体制改革在我国社会主义事业全局中的重要性。

就在国际金融危机爆发给全球经济产生深度影响之际,2009年7月,国务院通过了我国第一部文化产业专项规划《文化产业振兴规划》,明确提出要"通过深化文化体制改革,进一步解放和发展文化生产力,激发全社会的文化创造活力","充分发挥文化产业在调整结构、扩大内需、增加就业、推动发展中的重要作用"。这是继钢铁、汽车、纺织等十大产业振兴规划出台后的又一重要产业振兴规划,标志着文化产业已上升为国家

---

① 齐勇峰:《文化体制机制改革:进展、难点和前景展望》,载人民网理论频道2011年10月15日。

战略性产业。

2010年10月,党的十七届五中全会通过《国民经济和社会发展第十二个五年规划的建议》。《建议》提出,"深化文化体制改革,创新文化生产和传播方式,解放和发展生产力,增强文化发展活力","推动文化产业成为国民经济支柱性产业"。"十二五"规划纲要进一步从加快推进公益性文化事业单位改革、深入推进经营性文化单位转企改制、完善现代文化市场体系、加快推进文化体制改革、建立健全国有文化资产管理体制和运行机制、加快完善版权法律政策体系等几个方面对未来五年我国文化体制改革作出全面部署。

从以上这一阶段比较详尽的描述中,可以看出,从党的十六大到十七大以来的近十年,我们党对文化体制改革发展的认识达到了前所未有的深度,探索和实践达到了前所未有的力度,我国文化体制改革在理论上、实践上、政策上、创新上、社会经济效益上都取得了丰硕成果,党的文化执政能力明显提高。这一时期文化体制改革的具体成果主要表现在:

1. 文化体制改革由试点到向全国全面展开,体制机制创新成为新阶段改革的主要特征并取得成效。2003年7月,中央正式确定北京、上海、广东等九个省、市为文化体制改革的综合试点地区,国家图书馆、中国电影集团公司等三十五家单位承担试点任务。同年12月,国务院办公厅印发的《关于文化体制改革试点中支持文化产业发展和经营性文化事业单位转制为企业的两个规定的通知》为试点工作提供了政策上的支持。从2005年中央出台《关于深化文化体制改革的意见》到2006年3月全国文化体制改革工作会议,文化体制改革在总结试点经验的基础上由试点向全国推开。各地结合实际,制定了本地区的文化体制改革实施方案,并对开展文化体制改革进行了具体安排。

2. 按照对文化事业和文化产业进行分类指导的改革方针,国有经营性文化事业单位在转企改制、重塑市场主体方面迈出了重要步伐,特别是有一批文化事业单位通过转企改制激发了活力,并以此为基础促进了文化产业的快速发展。按照"创新体制、转换机制、面向市场、增强活力"的分类改革要求和2003年12月国务院办公厅印发的《关于文化体制改革试点中支持文化产业发展和经营性文化事业单位转制为企业的两个规定的通知》精神,各试点地区积极推动演出、报刊和出版发行、印刷、广电、广告、影视节目制作与发行、影院建设与经营等文化行业的国有经营性文化事业单位转企改制,进行产业化运营。通过改革试点,各地在实践中成功找到了国有文化事业单位转企改制三种基本模式。^① 其一是分离改制,即将广告、发行、电视剧等一般节目制作部分从国有文化事业单位分离出来,转制为企业,面向市场经营发展。其二是整体改制为企业。如广东省出版集团由过去事业性质整体转为企业。其三是直接进行股份制改造。如北京歌剧舞剧院的转企改制一步到位。

国有经营性文化企业实现转企改制进入市场后,和民营、外资文化企业一道逐渐支撑起我国文化产业蓬勃发展的局面。在北京、上海等文化都市,文化产业在获得银行金融支持方面取得了实质性进展。2007年,北京市文化创意产业促进中心与金融界合作,探索银行支持文化创意产业发展的具体途径和方式,交通银行北京分行同意以版权质押给予创意企业小额贷

---

① 江蓝生、谢绳武主编:《2005年:中国文化产业发展报告》,社会科学文献出版社2005年版,第33页。

款,北京银行同意给予全市文化创意产业 50 亿元授信额度。文化产业在利用资本市场发展壮大方面取得了新突破。继 2004年北青传媒在香港联交所上市,2006 年上海新华传媒在上海证券交易所买壳上市后,2007 年又有阿里巴巴、新华文轩在香港联交所上市,粤传媒、辽宁出版传媒在国内 A 股市场成功上市。随着我国文化市场有限度的对外开放,国际跨国文化传媒公司也开始迅速抢滩我国文化市场,以各种方式进入我国文化传媒领域。与此同时,我国文化企业和文化产品走出去,包括在许多国家建设孔子学院等,都取得可喜进展。[①]

1. 非公有资本逐步成为文化建设投资的主体力量。这一时期,在开放文化市场投资准入门槛,发展民营和混合文化市场主体,调动全社会参与文化建设方面取得了突破性进展。2003 年 6 月文化体制改革试点以来,文化部、新闻出版总署、广电总局等有关部门相继发布了一系列文件,对非公有资本开放了演出、报刊和出版发行、影视节目制作与发行、影院建设与经营、非新闻类广播电视节目制作等投资领域。2005 年 3 月,财政部、海关总署、国家税务总局发布《关于文化体制改革试点中支持文化产业发展若干税收问题的通知》。4 月,国务院颁发了《关于非公有资本进入文化产业的若干决定》,明确和规范了鼓励、允许、限制和禁止非公有资本进入文化产业若干领域的界限。为了更有效地利用外商投资发展我国文化产业,同时保障我国的文化安全,同年 8 月,文化部等五部委发布了《关于文化领域引进外资的若干意见》,对外资进入我国文化市场的范围和持股比例也进行了规范。上述一系列政策措施,调动了社会

①　齐勇峰:《文化体制机制改革:进展、难点和前景展望》,载人民网理论频道 2011 年10 月 15 日。

资本进入文化产业的积极性。据文化部提供的数据,在文化部门管理的文化产业中,非公资本创造的文化产业增加值已占到全部文化产业增加值的 50% 以上,就业人数占到三分之二,由社会资本和外资参与拍摄的电影占总产量 80% 以上。以公有制为主体、社会资本和外资广泛参与的文化产业发展格局初步形成,促进了我国文化产业的快速、健康和有序发展。

2. 国有公益性文化事业单位进行改革探索和构建公共文化服务体系取得了积极进展。按照对公益性文化事业单位"增加投入、转换机制、增强活力、改善服务"的分类改革要求,一批公益文化单位自觉引入市场竞争机制,在提高公共服务数量和质量等方面进行了有益探索,深圳、杭州、北京等地还进行了公共文化产品面向社会实行政府采购、政府补贴的探索,收到良好效果。2005 年 4 月,国务院颁发《关于 2005 年深化经济体制改革的意见》,首次提出"要加快公共文化服务体系建设"。"十一五"规划提出"要加大对文化事业的投入,逐步形成覆盖全社会的比较完备的公共文化服务体系"的目标。近几年,我国基本实现农村边远地区广播电视村村通。广东省作为文化体制改革的先行试点地区,经过几年努力已初步形成省、地、县和乡镇四级公共文化服务网络。2010 年,按照国家发改委会同文化部发布的"十一五"时期全国乡镇综合文化站建设规划要求,全国初步实现了全国所有乡镇建立具备综合服务功能的文化站的目标。建设覆盖全社会的公共文化服务体系,不断满足公民基本文化权益,扭转了长期以来我国农村基层公共文化服务设施的落后状态,大大提升了基层乡镇公共文化服务的能力。

3. 文化市场流通体系的改革和建设取得了重要成果。这一时期,全国各试点地区积极推动文化市场流通体系改革,对民营和外资逐步开放市场准入门槛,着力发展连锁、物流等新型文化流通组织业态。以新闻出版行业为例,目前全国各省、市、自治区的新华书店已基本完成组建企业集团和转企改制。全国性大型文化产业数量和规模不断上台阶,深圳国际文化产业交易博览会、北京国际文化创意产业交易博览会,东北、中部、西部三个区域性的文化产业博览会,形成集文化产品交易博览、论坛、版权交易和投融资于一体的大型文化产品流通和要素配置的平台。北京书市、上海国际电影节、杭州国际动漫节、广州国际音像博览会、成都广播影视博览会等大型专业化的文化产品交易平台也各具特色。这些都对发展和完善我国的文化产品和要素市场、促进文化产业发展起到了积极的推动作用。

第二节　我国文化体制改革取得的主要成绩和存在的问题

随着我国经济实力、综合国力的不断增强和社会主义市场经济体制的不断完善,我国文化改革发展终于迎来了大发展大繁荣的黄金时期。改革开放特别是党的十六大以来,党中央对深化文化体制改革做出一系列重要决策,文化改革建设各个层面和各个环节都发生了深刻变化:符合科学发展观要求的新的文化发展理念逐步形成,文化建设的方向更加明确,文化发展的思路日益清晰;文化事业与文化产业发展的政策逐步完善,制约文化科学发展的深层次矛盾和问题逐步破解,有利于文化大发展大繁荣的体制机制初步建立。广大文化工作者不断解放思想,不断增强改革的积极性和主动性,坚持以改革为动力,以发展为第一要务,积极探索,勇于创新,文化建设发展取得重

大进展,文化体制改革各项工作取得明显成效,文化在经济社会发展中的地位和作用空前提高。这一系列改革的丰硕成果突出表现在:

第一,经营性文化事业转企改制全面推进,一大批新型文化市场主体得到培育和成长。按照"创新体制、转换机制、面向市场、壮大实力"的改革要求,全国各地明确转企改制范围,把文化单位分成公益性和经营性两大类,出版、发行、影视、演艺、广电网络、新闻网站、非时政类报刊等经营性文化单位逐步转制为企业,国有文化单位市场主体缺失的状况得到明显改善。截至2011年上半年,全国共注销经营性文化事业单位4 000多家,核销事业编制18万个以上。已有590家文艺院团、402家出版单位、327家电影公司、595家非时政类报刊出版单位、32家省级党报党刊发行机构、52家电视剧制作机构完成转企改制。29个省区市已组建省级广电传输网络公司。① 体制机制创新为许多国有文化经营性单位带来内部活力和发展动力:中央各部门各单位出版社到2010年底转企改制工作全部完成,新体制新机制让出版单位与市场贴得更近,和读者贴得更紧,逐步实现社会效益和经济效益的有机统一。一些地方将广播电视合为总台铸就了新的发展优势。影视制作领域以塑造新型市场主体为目标,直接推动了我国电影产业的繁荣发展。2003年以前,国产电影年产量不到100部,2010年已经达到526部,我国成为世界第三大电影生产国,全国城市票房总收入突破100亿元,连续第六年保持30%以上增长,改变了进口大片主导我国电影市场的格局。与此同时,一大批民营院团也紧紧抓住文化体制改革机遇,不断发展壮大,焕发出蓬勃生机。

---

① 蔡武:《辉煌的成就 宝贵的经验》,载《人民日报》2011年11月4日。

第二,公益性文化事业单位内部机制改革不断深化,公共文化服务体系建设不断推进,人民群众基本文化权益得到进一步实现。公益性文化事业单位普遍实行了全员聘用制和岗位责任制,保留事业性质的文艺院团实行企业化管理,干部职工的积极性和创造性得到发挥,为公共文化服务建设做出新的贡献。党和政府不断加大财政投入,坚持面向基层、面向农村,积极开展公共文化设施建设,大力实施文化惠民工程,公共文化服务设施网络不断完善。目前我国共有 3 020 个博物馆、2 884个图书馆、3 264 个文化馆(群众艺术馆)、40 118 个文化站,基本实现了县县有图书馆、乡乡有综合文化站,初步形成了覆盖城乡的具有便利性、基本性、均等性、普惠性的六级公共文化服务网络。广播电视设施建设取得重大进展,全国共有广播电视播出机构 2 638 个,已建成世界上覆盖人口最多,有线、无线、卫星等多种手段并用的广播电视网,广播人口综合覆盖率达96.78%,电视人口综合覆盖率达 97.62%。文化资源和文化服务向农村和欠发达地区、少数民族地区倾斜力度逐步加大,乡镇综合文化站建设工程、全国万里边疆文化长廊建设工程、知识工程、蒲公英计划、送书下乡工程、流动舞台车工程、全国文化信息资源共享工程、广播电视村村通工程、农家书屋工程、农村电影数字院线工程等惠民工程先后实施,公共文化服务的覆盖面逐步扩大,城乡、区域公共文化服务的差距不断缩小。公共文化设施免费开放工作全面推进,截至 2010 年年底,全国免费开放的博物馆、纪念馆总数达到 1 749 个,公共图书馆、文化馆(站)、美术馆免费开放已经启动。文艺院团文化下乡活动深入开展,群众文化活动丰富多彩,农村和基层文化生活更加活跃。广大人民群众读书、看报、看戏、收听收看广播电视、进行艺术鉴赏、参加文化活动变得更加便捷,享受的公共文化产品和服务更加趋于均等化。①

第三,新兴文化产业迅速崛起并蓬勃发展,逐步成为新的文化经济增长点。随着文化体制改革的不断深入和人民群众精神文化需求的不断增强,我国文化产业经历了探索、起步,逐步走向迅猛发展的新阶段。文化产业结构调整和资源整合力度不断加大,文化企业规模实力快速提升。一批实力雄厚、竞争力强的大型文化企业集团逐步发展壮大。文化产业基地和特色产业群建设加快推进。各类文化产品交易平台日益健全,重大会展活动成功举办。多元化投资格局初步形成,所有制结构得到优化。演艺、娱乐、影视制作、新闻出版等传统产业快速发展,动漫游戏、数字音乐、数字电影、网络视频、移动多媒体广播电视、公共视听载体、数字出版、网络出版、手机出版等新兴文化产业迅速崛起,文化产业门类日益齐全。文化产业对国民经济增长的贡献不断上升,逐步成为国民经济新的增长点。据统计,2004 年以来,全国文化产业年均增长速度在 15％以上,比同期国内生产总值增速高 6 个百分点,保持了高速增长的势头。2008 年、2009 年间,面对国际金融危机的冲击,文化产业逆势上扬,其消耗少、污染低、容纳就业多、附加值高等优势得到进一步凸显。2010 年,文化产业增加值突破 1 万亿元,占国内生产总值比重由 2004 年的 2.1％增加到 2.5％以上;北京、上海、江苏、湖南、湖北、广东、云南等省市,文化产业增长速度年均超过 20％,占国内生产总值的比重均达到 5％以上,成为当地新的支柱性产业。文化市场主体的培育力度不断加大,娱乐市场、演出市场、音像市场、电影市场、图书市场、网络文化市场、艺术

---

① 蔡武:《辉煌的成就 宝贵的经验》,载《人民日报》2011 年 11 月 4 日。

品市场日益繁荣,逐步形成统一、开放、竞争、有序的市场体系。国际文化贸易逆差局面明显改观,文化产品和服务进出口逆差逐步减少。2010年我国核心文化产品进出口总额达143.9亿美元,同比增长15.1%。其中,国产影片海外销售总额超过35亿元人民币。图书版权输出引进比从2005年的1∶7.2缩小至2010年的1∶3。

第四,多层次、宽领域对外文化交流格局得到发展,实施文化走出去战略取得进展,对外文化交流广泛深入,中华文化的影响力和竞争力逐步提升。我国借鉴吸收人类优秀文明成果,不断增强中华文化国际影响力,向世界展示了我国改革开放的崭新形象和我国人民昂扬向上的精神风貌。目前,我国同世界上160多个国家和地区保持着良好的文化交流关系,与145个国家签订了政府间文化合作协定和近800个年度文化交流执行计划。"欢乐春节"、"中国文化年"、"中国文化节"等大型品牌文化活动成功举办,影响广泛。通过举办各类高峰论坛,思想文化领域的对话与交流更加深入,增进了不同国家人民之间的理解和认同。海外文化阵地建设不断加强,我国已在海外设立96个使领馆文化处(组)、9个中国文化中心、353个孔子学院。主流媒体国际传播能力不断提升,对外广播和影视在播出语种、播出时间和发射功率等方面取得突破性进展,节目和频道在境外有效落地、覆盖范围进一步扩大,《人民日报》、新华社、中央电视台、中国国际广播电台的覆盖面越来越广。文化产品和文化服务走出去步伐不断加快,核心文化产品和服务出口快速增长,在欧美国家的市场占有率逐渐提高,出口规模不断扩大。与此同时,有序地引进国外优秀的文化艺术产品,丰富了我国群众的文化生活。

第五,文化遗产保护体系不断完善,优秀传统文化得到进一步弘扬。以《文物保护法》和《非物质文化遗产法》为基础的文化遗产保护法律体系不断完善。第三次文物普查工作取得显著成效,新调查登记不可移动文物40多万处,非物质文化遗产普查确定近56万个项目,收集了珍贵实物和资料达26万多件。国务院先后公布六批共计2 351处全国重点文物保护单位,三批共计1 219项国家级非物质文化遗产名录项目。目前,我国拥有联合国教科文组织颁布的世界自然遗产、文化遗产和双遗产共41处,总数居世界第三;28个项目入选联合国教科文组织《人类非物质文化遗产代表作名录》、6个项目入选《急需保护的非物质文化遗产名录》,总数位列世界第一。重要文化遗产得到有效保护,布达拉宫等西藏三大文物保护工程顺利竣工,南水北调等国家大型基本建设中的文物保护稳步开展,大遗址保护格局初步确立,国家考古遗址公园建设顺利推进。非物质文化遗产传承人的保护得到加强,命名了三批1 488个国家级项目代表性传承人。生产性保护取得突破,传统文化焕发出新的生机。整体性保护不断推进,已设立11个国家级文化生态保护实验区。保护文化遗产宣传活动广泛深入,设立"文化遗产日",社会各界的保护意识逐渐增强。

第六,政府文化宏观管理职能明显转变,文化市场综合执法改革取得突破性进展。目前,北京、天津、河北等14个省、区、市已全面完成综合执法改革任务。在318个副省级和地级市中,306个已组建综合执法机构,221个完成了有关文化行政管理部门的整合。2 640个区县中,2 053个已组建综合执法机构,2 037个完成文化行政管理部门整合。通过转变政府文化管理职能,文化管理由从以行政管理为主转变为综合运用经济、法律、技术等手段管理,政府宏观文化管理部门逐步实现由"办文化"向"管文化"、由管"微观"向管"宏观"的管理方式转变,初步建立和完善了文化改革发展的政策保障机制。一些文化改革试点先行地区为适应文化产业融合化的发展趋势,按照中央要求,将文化、新闻出版、广电三个政府主管部门合并办公,综合行使文化管理职能;将工商、税务和各文化部门的执法队伍整合为综合执法机构,初步改变了文化行政管理体制方面政出多门、职能交叉、条块分割的现状,文化市场监管中的"越位"和"缺位"问题得到有效改进。与此同时,文化法制建设逐步加快,我国文化管理逐步进入法制化的轨道。各地还坚决破除过去对文化人才培养和成长的种种束缚和体制障碍,加快建设宏大的文化人才队伍,为社会主义文化大发展大繁荣提供有力的人才支撑。

通过深化文化体制改革,我国文化改革发展已经取得了历史性成就,文化领域正在发生广泛而深刻的变化,文化生产力得到充分解放和发展,全民族思想道德素质和科学文化素质显著提高,国家文化软实力显著增强,改革为坚持和发展中国特色社会主义提供了强大原动力,也为走出一条中国特色社会主义文化发展道路积累了非常宝贵的经验。但我们必须清醒地看到,当前和今后一个时期,着眼世情国情党情新变化,我国文化改革发展面临着新形势、面对着新问题、面向着新挑战。

党的十七届六中全会《决定》对当前国内外形势作出正处在"三个时期"的重大判断,即当今世界正处在大发展大变革大调整时期、当代中国进入了全面建设小康社会的关键时期和深化改革开放、加快转变经济发展方式的攻坚时期;对我国文化建设做出正面临"四个越来越"的全局发展态势的科学判断,即文化越来越成为民族凝聚力和创造力的重要源泉、越来越成为综合国力竞争的重要因素、越来越成为经济社会发展的重要支撑，丰富精神文化生活越来越成为我国人民的热切愿望。

准确把握这"三个时期"、"四个越来越"的总体判断，就要充分认识和积极应对当前我国文化建设面临的突出矛盾和问题所带来的严峻挑战。深入分析当前和今后一个时期文化改革发展面临的一系列新情况、新问题，主要表现在：一些地方和单位对文化建设的重要性、必要性、紧迫性认识不够，文化在推动全民族文明素质提高中的作用亟待加强；一些领域道德失范、诚信缺失，一些社会成员人生观、价值观扭曲，用社会主义核心价值体系引领社会思潮更为紧迫，巩固全党全国各族人民团结奋斗的共同思想道德基础任务繁重；舆论引导能力需要提高，网络建设和管理亟待加强和改进；有影响的精品力作还不够多，文化产品创作生产引导力度需要加大；公共文化服务体系不健全，城乡、区域文化发展不平衡；文化产业规模不大、结构不合理，束缚文化生产力发展的体制机制问题尚未根本解决；文化走出去较为薄弱，中华文化国际影响力需要进一步增强；文化人才队伍建设急需加强。

这些突出矛盾和问题，归结起来，就是一个是"不适应"，一个是"不符合"。

所谓"不适应"，就是我国文化发展同经济社会发展和人民日益增长的精神文化需求还不完全适应，同提高全民族思想道德素质和科学文化素质的要求还不完全适应，同推动科学发展、促进社会和谐的要求还不完全适应，同转变经济发展方式、大力发展文化事业和文化产业、把我国文化产业打造成国民经济支柱性产业的要求还不完全适应，同扩大对外开放、提高文化开放水平的要求还不完全适应。推动文化繁荣发展,满足人民多样化精神文化需求,不论是发展文化事业还是文化产业,基础工作都是要创作生产更多优秀作品。当前,我国文化产品创作生产总体上呈现繁荣发展景象,但同人民群众的需求和期待相比仍然存在不小差距,特别是缺乏叫得响、传得开、留得住的高质量文化精品。我国文化产业原创力还不强、知名品牌还不多、科技含量和附加值还不高,文化产品特别是优质文化产品和服务供给还不足,距离把文化产业打造成国民经济支柱性产业的要求还较远。我国文化宏观管理体制和促进文化改革发展的政策保障机制还不够健全和完善,要充分地调动文化人才竞相涌出、文化创造力极大迸发、优秀文化作品不断繁荣、公共文化资源利用效率极大提升,还有待进一步创新体制机制,营造激发效率、创造活力、增强动力的文化生态环境。

所谓"不符合",就是思想文化领域仍然存在种种不符合社会主义先进文化前进方向,不符合社会主义核心价值体系要求,不符合以科学理论武装人、以正确舆论引导人、以高尚精神塑造人、以优秀作品鼓舞人的要求,以及不符合信息化、网络化条件下善待、善用、善管网络媒体和网络文化要求的种种失序、失范、失衡、失调现象。特别应当看到,随着互联网技术的快速发展、普及、更新,以及新兴网络传播手段的不断涌现,催生了新的文化生产和传播方式,形成了特色鲜明的网络文化,一方面成为干部群众特别是青少年精神文化生活的重要组成部分,另一方面也成为意识形态较量的重要平台,成为国内外敌对势力对我国进行思想文化渗透、威胁我国文化安全和国家安全的重要载体。面对网络媒体传播力和影响力越来越大、网络舆论对社会舆论影响越来越大、对青少年成长影响越来越大的新形势,一些地方和部门对互联网的管理同积极利用、科学发展、依法管理、确保安全的要求还有较大差距,网上有害信息的传播特别是持续炒作社会热点、人为增加社会焦虑、不断撕裂社会共识、竭力破坏社会和谐的网络舆论尚未有效遏制。切实解决这方面存在的问题,加强网上舆论引导,唱响网上思想文化主旋律,培育文明理性的网络环境,发展健康向上的网络文化,已成为对全党的一个新的挑战和重大考验,也是我国文化建设的一个重大课题。

推动社会主义文化大发展大繁荣,就应该统筹解决好这些"不适应"、"不符合"的问题,就要进一步增强责任感和紧迫感,以改革创新精神积极应对这些矛盾、问题和挑战。总之,在新形势、新机遇和新挑战面前,谁占据了文化发展制高点,谁拥有了强大的文化软实力,谁就能够在激烈的国际竞争中赢得主动。要推动我国社会主义文化大发展大繁荣,把促进文化更加繁荣作为全面建设小康社会的重要目标和重要保证,不断应对好国内外思想文化领域的种种挑战,动力依然在深化改革,出路依然在加快发展,关键依然在以更加奋发有为、更加积极主动、更加卓有成效地在全面建设小康社会进程中、在科学发展道路上奋力开创社会主义文化建设新局面。

第三节　深化我国文化体制改革的主要内容

党的十七届六中全会审议通过了《中共中央关于深化文化体制改革、推动社会主义文化大发展大繁荣若干重大问题的决定》,这是当前和今后一个时期指导我国文化改革发展的纲领性文件。

《决定》指出了新的历史时期深化文化体制改革的总体目标：第一是在宏观层面上建立与社会主义市场经济体制相适应的文化宏观管理体制，就是建立健全党委领导、政府管理、行业自律、社会监督、企事业单位依法运营的文化管理体制；第二是在微观层面上形成富有活力的文化产品生产经营机制，文化企事业单位要通过改革创新，形成富有效率、充满活力、人人奋发向上的生产、经营、服务机制；第三是积极发挥市场机制在文化资源配置上的积极作用，调动全社会力量发展社会主义文化，解放和发展文化生产力，满足人们精神文化需求；第四是创新文化走出去模式，重构我国文化走出去的体制机制，不断提升中华文化国际影响力，努力开拓中华文化的发展空间。[①]

围绕这个总体目标，今后一个时期，进一步深化文化体制改革的主要内容，或者说是重点任务，可以概述为以下五个方面：

第一，要继续深化公益性文化单位和国有经营性文化单位改革，形成富有效率的文化生产和服务的微观运行机制，增强文化事业单位的活力，提高文化企业的竞争力。深化国有文化单位改革，要在科学界定文化单位性质和功能的基础上，区别对待、分类指导，循序渐进、逐步推开。党的十六大提出了公益性文化事业和经营性文化产业概念及分类改革的要求，相应地提出了发展文化事业和文化产业的任务。这是对现代文化认识上的一次思想解放和与时俱进，带来了文化领域的深刻变化。党的十六大之后，中央全面部署文化体制改革试点工作，按照创新体制、转换机制、面向市场、增强活力的要求，建立健全符合文化企业特点的国有文化资产管理体制和运行机制，加

---

① 柳斌杰：《进一步深化改革开放，加快构建有利于文化繁荣发展的体制机制》，载求是理论网 2011 年 10 月 28 日。

快经营性文化单位转企改制,稳步推进公益性文化事业单位改革,形成以公有制为主体、多种所有制共同发展的文化产业格局,充分发挥国有资本在文化领域的主导作用,在不少文化单位和地区已经取得突破性进展和有益经验。

在总结经验的基础上,今后一段时期,一是要继续全面推进文化事业单位改革,增强公共文化产品和服务供给。对于主要面向社会、担负公共文化服务责任的文化事业单位,主要是突出公益属性、强化服务功能、突出社会效益,增强发展活力。比如,图书馆、博物馆、文化馆、革命纪念馆等公共文化设施要免费向社会开放;少数民族文化产品创作生产要鼓励扶持;以农村基层和中西部地区为重点,要继续实施文化惠民工程,改善农村文化基础设施,支持老少边穷地区建设和改造文化服务网络,等等。对于既是公共传播机构又有经营性产业的党报党刊、广播电视、公益性出版社、代表民族特色和国家水准的文艺院团等事业单位,要进一步完善管理和运行机制,实行企业化管理,增强面向市场、面向群众提供服务能力。其中,对于党报党刊、广播电视等,其编辑、出版、播发等新闻宣传业务,仍然实行事业体制;印刷、发行、广告、电视剧制作、网络传输等,则要剥离出来,转企改制,实行市场化运行。

二是要创新公共文化服务设施运行机制,加强公共文化服务体系建设,形成覆盖全社会的公共文化服务体系。建立健全公共文化服务体系是保障人民群众基本文化权益的主要途径,是推进社会主义文化繁荣发展的必然要求。要按照公益性、基本性、均等性、便利性的原则,不断提高公共文化产品的供给和服务能力。具体来说,一要实现工作重点的转变。将工作重心转移到服务基层、服务农村、服务社区上来,明确各类文化设施的功能定位和服务标准,避免奢华性、政绩性文化设施的建设,杜绝资源浪费、设施闲置、重复建设等不良现象,切实使文化资源向普通群众特别是低收入和弱势群体倾斜。二要实现投入方式的转变。对于公共文化服务供给单位,要积极变财政养人为财政养事,政府通过采购产品和服务的方式支持文化事业单位。在确保政府公共文化服务投入不断增加的基础上,继续改进财政投入方式,采取建立基金、定向资助、项目补贴、贷款贴息等办法,不断提高财政资金使用效益。三要实现激励机制的转变。对于使用政府基金的文化单位加快实施绩效评价考核办法,要推进人事制度、养老和医疗保险制度等方面的改革,引入竞争和激励机制,激发文化工作者的工作积极主动性,并建立有效的绩效考评机制。同时,还要鼓励社会多方力量赞助文化事业发展,发挥市场和社会在公共文化服务供给中的作用,积极鼓励吸纳有代表性的社会人士、专业人士、基层群众参与公共文化服务设施管理、建立理事会,使公益事业更加公开透明。

三是要继续加快推进经营性文化单位转企改制,培育新型合格的文化市场运营主体,使其成为推动社会主义文化大发展大繁荣的主力。按照《决定》要求,推进一般国有文艺院团、非时政类报刊社、新闻网站转企改制;拓展出版、发行、影视企业改革成果,加快公司制股份制改造,完善内部治理结构,形成符合现代企业制度要求、体现文化企业特点的资产组织形式和经营管理模式。要创新文化企业的经营管理机制和投融资体制,支持企业自主创新、自我发展,通过上市、债券、股份制等多种方式面向资本市场融资,壮大国有文化企业的实力。

文化产业是社会主义市场经济条件下发展社会主义文化

的重要载体,是推动社会经济结构调整、转变经济发展方式的重要着力点。推动文化产业成为国民经济支柱性产业,就要增强文化产业整体实力和竞争力,实施重大文化产业项目带动战略,加强文化产业基地和区域性特色文化产业群建设。推进文化产业结构调整,大力发展文化创意、影视制作、出版发行、印刷复制、演艺娱乐、数字内容和动漫等重点文化产业,培育骨干企业,扶持中小企业,鼓励文化企业跨地域、跨行业、跨所有制经营和重组,提高文化产业规模化、集约化、专业化水平,组建一批新兴文化产业园区和集群,打造一批文化企业集团,加快文化和科技的融合,优化文化产业结构,培育发展新兴文化产业。与此同时,还要积极鼓励和支持非公有制经济以多种形式进入文化产业领域,逐步形成以公有制为主体、多种所有制共同发展的产业格局,提升我国文化企业和产品的市场竞争力。

第二,继续健全文化市场体系,在市场层面上发挥市场机制在文化资源配置上的积极作用,调动全社会力量积极参与文化建设,形成统一、开放、竞争、有序的现代文化市场体系。文化市场主体、文化产品的流通同市场接轨,靠的是现代文化市场体系。按照《决定》要求,首先是要积极培育传统文化产品交易市场。重点发展图书报刊、电子音像制品、演艺娱乐、影视剧、动漫游戏等产品市场,重点打造一些全国性国际性的文化产品交易平台,办好中国国际文化产业博览交易会等重点展会,扩大市场影响力。其次是大力发展大型文化流通企业和物流基地。打破地域、行业界限,通过联合、重组、股份制等方式,加快建设重点文化流通企业和文化产品物流基地,构建以大城市为中心、中小城市相配套、贯通城乡的文化产品流通网络,方便人民群众的文化消费。大力发展连锁经营、物流配送、电子商务等现代流通组织和物流形式,提高流通环节的工作效率,保障有效供给。最后要继续培育好文化要素市场。产权、版权、技术、信息等要素市场是文化市场发育的重点。要以改革创新的精神加快构建,实现文化资源的市场配置;办好重点文化产权交易所,引导和规范各类文化资产和艺术品交易;加强行业组织建设,健全中介机构,使其发挥积极作用。

第三,继续推进文化行政管理体制改革,加快政府职能转变,强化政府文化管理和服务职能,形成科学有效的宏观文化管理体制。今后一个时期,要切实改变文化宏观管理领域尚存的政企不分、政事不分、管办不分、"多龙治水"的局面,通过加快政府职能转变,强化政策调节、市场监管、社会管理、公共服务职能;继续推动政企分开、政事分开,理顺政府和文化企事业单位以及行业协会、中介组织的关系,使政府、企事业单位、中介组织各行其道、各负其责。要完善管人管事管资产管导向相结合的国有文化资产管理体制,加强国有文化资产管理,重视国有文化无形资产和数字产权的管理。要继续推动副省级以下城市完善综合文化行政责任主体,健全文化市场综合行政执法机构,强化监管,维护文化生产、经营市场秩序。要落实"谁主管谁负责"和属地管理原则,严格执行文化资本、文化企业、文化产品市场准入和退出政策,落实职业资格管理规定和主管主办制度,综合运用法律、行政、经济、科技等手段提高政府管理文化的效能。

第四,以改革开放精神重构中华文化走向世界的体制机制,创新文化走出去模式,积极开拓国际文化市场,不断提高中华文化的国际影响力和竞争力,进而增强国家文化软实力。开放是改革的重要内容,统筹国内国际两个大局,开展多渠道多形式多层次对外文化交流,广泛参与世界文明对话,共同维护文化多样性,推动人类社会文明进步,是未来一个时期我国文化改革发展的突出内容。要通过创新对外宣传方式方法,增强我国国际话语权,展现我国文明、民主、开放、进步的形象;要通过创新文化走出去模式,培育一批具有国际竞争力的外向型文化企业和中介机构,开拓国际文化市场,扩大文化贸易,提升我国文化国际影响力;要通过拓宽对外文化交流渠道、加强文化领域智力、人才、技术引进,鼓励和吸收各种形式、各类文化市场主体投资进入法律法规许可的文化产业领域或在华进行文化科技研发、发展服务外包、开展知识产权保护国际合作等,大大提升我国文化对外开放水平。

第五,全面完善深化文化体制改革的保障机制,为深化文化领域持续改革开放提供机制化、常态化、长效化的法律保障和政策保障。首先是法律保障。要进一步加快文化立法,制定和完善文化公共服务保障、文化产业振兴、文化市场管理等方面法律法规,提高文化建设法制化水平,依法保障文化改革成果。其次是政策保障。完善政策保障机制,落实支持文化改革发展的经济政策,加大财政、税收、金融、用地等方面对文化产业的政策扶持力度,设立国家文化发展基金,扩大有关文化基金和专项基金规模。对文化内容创意生产、非物质文化遗产项目经营实行税收优惠。对国有文化单位转企改制的扶持政策执行期限再延长五年。这些具有鲜明导向和含金量极高的经济政策,给文化改革发展创造了实实在在的物质条件。再次是财政保障。提高文化支出占财政支出比例,保证公共财政对文化建设投入的增长幅度高于财政经常性收入增长幅度,扩大公共财政覆盖范围,完善投入方式,加强资金管理,提高投资效益。提高各级彩票公益金用于文化事业比重,支持社会组织、机构、个人捐赠和兴办公益性文化事业。

推动社会主义文化大发展大繁荣、深化文化体制改革是一项复杂而艰巨的系统工程,需要全党全社会始终解放思想、统一认识、与时俱进、开拓创新,牢牢把握改革的正确方向;需要广大文化工作者和文化单位自觉遵循社会主义核心价值体系,自觉坚持社会主义先进文化前进方向,自觉适应社会主义市场经济发展的要求,以发展为主题,以体制机制创新为重点,以满足人民群众精神文化需求为出发点和落脚点,着力构建充满活力、富有效率、更加开放、有利于文化科学发展的体制机制,不断增强我国文化软实力和国际竞争力。

案例一①

安徽出版集团通过重组上市公司
实现出版资产整体上市

2008 年 11 月 5 日,经上海证券交易所核准,安徽出版集团有限责任公司以出版、印刷等文化类资产认购科大创新股份有限公司发行股份 1.2 亿股,合计持有该公司 61.60％的股份。通过重组,实现主业整体上市的预期目标,为出版单位利用资本市场加快发展、培育真正的市场竞争主体,探索了有益的经验。

安徽出版集团有限公司成立于 2005 年 11 月,下辖 17 家企业,其中出版社 8 家、报刊社 2 家、印刷和光盘复制企业 2 家。

---

①　本案例选自中共中央宣传部文化体制改革和发展办公室编:《文化体制改革经验100 例》,学习出版社 2009 年 2 月第 1 版。

2007年,在"全国服务业500强"评比中,集团公司总资产收益率居全国文化企业第一;2008年4月,被中央文化体制改革工作领导小组办公室授予"全国文化体制改革优秀企业"称号。

集团公司成立伊始,就为筹备上市做好体制准备、组织准备和制度准备。在内设机构中专门设置了承担上市论证、调研任务的部门;在制度建设中增加了以满足公司上市为目标的相关内容;提前组建了三个班子,做好人才储备、操作能力储备以及动员机制准备。用两年多时间,实现了人才聘用制的市场化运作,房地产、股权的合法规范持有,财务核算体系的公司制构建,以及一系列符合市场运作要求的公司运作体系,为主业整体上市奠定了坚实的基础。

2008年年初,集团公司开始启动重组"科大创新"、实现主业整体上市工作,完成涉及土地、资产确权,对四家国有企业进行了公司制改造,关闭五家集体企业,提取了职工权益保障金,完成了对拟进入上市公司人员身份置换,清理了各成员单位对外债权债务,实现了"六无",即无实施障碍、无关联交易、无同业竞争、无法律瑕疵、无人员负担,为重组上市奠定了基础。

集团公司选择中国科技大学旗下的高科技上市公司"科大创新"作为战略重组对象,以出版印刷等文化类资产16.69亿元,参与认购科大创新股份有限公司定向发行股份1.2亿股,总股本1.95亿股,合计持有该公司61.60%股份,成为该上市公司的第一大股东。2008年9月,获得中国证监会正式批复。10月,经安徽省工商行政管理局核准,科大创新股份有限公司更名为"时代出版传媒股份有限公司"。根据资产特点,时代传媒股份有限公司主营业务分为两大板块,一是传媒出版业务方向为内容的创作、开发、经营和推介,二是传媒工程技术,以内容传播和科技研发为主,构成经营互补、发展互补、创新互补的完整产业链、价值链,在扩展经营声誉、吸引文化资源、创建自有品牌、出版走出国门等方面占据了更为有利的位置。

安徽出版集团有限公司重组上市是文化企业与科教名校的一次战略合作,开创了文化与科技、文化与教育互相促进,利用资本市场共同发展的双赢局面。进入上市公司的 9 家出版企业、2 家印刷复制企业和 1 家物资贸易企业,出现了借力资本市场、实现跨越发展的良好机遇。同时,国家和社会对上市公司的严格监督,将促使集团公司的经营管理更加规范地与现代企业制度和市场惯例接轨。

 案例二:

四川省通过完善文化产业发展专项资金管理
推进文化产业发展

2006 年,四川省在已设立省级文化产业发展专项资金的基础上,由省文化体制改革和文化产业发展领导小组会同省财政厅制定并出台了《四川省省级文化产业发展专项资金管理办法》,明确了专项资金来源、使用范围、申报和审批程序、资金监管等事项。2006 年以来,共安排文化产业专项资金 11 455 万元,资助文化产业项目 60 个。2008 年,省级文化产业发展专项资金额达到了 5 000 万元。文化产业发展专项资金的规范管理和有效使用,有力地推动了四川文化产业的快速发展。

在遵循专项资金管理办法的总体要求下,文化主管部门不断适应新的形势需求,在资金的分配原则、适用范围、资助方式、监督管理等制度设计上,力求通过对具体项目的扶持,引导产业发展方向。如 2008 年,结合全省经济社会发展规划和总体区域布局,考虑灾后文化恢复重建的实际,确定了资金的重点投入方向,即大力支持"文化产业集群式发展"项目、"成长能力和市场潜力好的新兴产业"项目、"灾后文化恢复重建"重大产业项目等,从而最大限度地发挥了资金的引导和助推功能。

他们注意到,文化产业发展专项资金不能作为一般意义上的财政拨款直接投入,必须尊重市场规律、发挥市场机制的基础性作用,注重有限资金发挥放大效应。因此,在扶持方向上,着眼于增强"造血"功能。主要以贷款贴息、项目补助等形式为主,撬动社会资本,引进多元投资主体。专项资金设立以来,安排用于贷款贴息项目3 000余万元、占使用资金的25%以上,拉动银行信贷资金近7亿元。2007年,安排四川广电中心建设工程贷款贴息1 000万元,当年实现投入3亿多元。在资助内容上,坚持"好钢用在刀刃上"的资助原则。针对文化产业的重点领域和具备良好成长性的重要项目集中扶持,引导产业发展方向,优化产业结构布局。三年来,集中持续在文化产业项目技术更新上投入了2 500万元,对科技含量高、市场前景好的项目,启动之初投入资金引导、发展之中投入资金壮大。新媒体的开发建设、印刷厂的技术更新、出版图书的数字化改造、电影后期制作的网络系统等项目是其中的受益者,较大程度上改变了发展方式粗放、产业结构不合理等现状。同时,反复集中地投入也发出了主导产业发展方向的强烈信号,起到了示范带动作用。在间接投入上,"以小博大",积极扶持文化理论研究创新、产业人才培养引进、公共信息技术平台建设等文化产业发展的基础工作。投入上百万元资助了"文化资源整合与文化产业发展研究"、"四川民营文化产业发展研究"等八个文化产业理论研究创新项目,不少成果转化成了领导决策、政策措施和部分具体项目的可行性论证。

　　文化主管部门始终坚持使用与管理并重,实现资助效益的良性循环。首先在受理程序上,"先入库,后审理"。建立了全省文化产业项目库,入库项目分别为原始数据和已资助项目,滚动更新,为筛选项目提供基础和参照,提高专项资金资助的系统性。其次,在资金安排上,"先论证,后分配"。对受理的申请项目,首先由申报单位说明申请理由、资金用途,提交立项文件、审批决议、实施方案、投资预算等相关资料,重点进行效益分析和可行性论证。然后,省文化体制改革和文化产业发展领导小组办公室、省委宣传部会同省财政厅进行考察调研和初步评审,之后组织专家进行充分论证并提出决策建议,送省文化体制改革和文化产业发展领导小组审批后,由省财政厅下达预算并拨付资金给项目业主,坚决杜绝"盲目上马"、"匆忙下马"现象。再次,在管理监督上,"先评审,后总结"。建立资金项目进度月报制度、年度项目总结报告制度,由项目业主对项目执行情况和项目专项资金使用情况提出书面自查报告;在此基础上,省文化体制改革和文化产业发展领导小组办公室、省委宣传部会同省财政厅对专项资金资助项目进行直接抽查,或委托中介机构进行审计评估,确保资金按项目和规定使用。督查从程序上规范使用,接受专项资金扶持的项目承担单位均严格按照项目核算,建立了项目预算和决算制度。从自查和督查情况来看,到目前还没发生挪做他用、改变用途等违规现象。评审从实效上评价绩效,对被资助企业以及已经验收的项目进行绩效评价,绩效评价结果不仅是申报单位和同类项目再次申报的评审依据,更是作为及时改进资金安排分配工作的重要参照。

思考题:

1. 简述我国文化体制改革的迫切性和必要性。

2. 改革开放以来我国文化体制改革的基本历程是怎样的?

3. 结合党的十七届六中全会《决定》精神谈谈新时期深化我国文化体制改革的主要目标和主要内容。

附录一 中国历代文化管理

【内容提要】中国历代社会形态不同,决定了不同时代文化管理特点的不同。本章从纵向的历史沿革过程,分三节梳理了中国古代、近代和新中国成立以后文化管理的脉络和特点。

【关键词】封建社会 民国时期 新中国 文化管理

第一节 中国古代的文化管理

中国文化源远流长,秦汉诸子散文、唐诗宋词、元曲、明清小说以及园林建筑、书画艺术等是中国文化史上的一颗颗璀璨的明珠。之所以取得如此文化成就,不仅与当时的社会环境有关,也与历代统治阶级的重视分不开。历代封建王朝都设置了专门或者类似的机构来扶持、管理与文化相关的事务。

一、秦汉时期文化管理

秦汉时期,供给宫廷艺术活动,供养、资助艺人的主要机构都和一个叫做"少府"的部门有关系。少府出自战国时期秦国所设的"少内",主要负责帝王本人和王室生活上各方面的开支。少府的职权范围很大，负责雕塑的"东园匠"和"考工室"、"尚方"，负责绘画的"黄门署长"、"画室署长"、"玉堂署长"，负责乐舞百戏的"乐府"、"黄门鼓吹署"、负责文学辞赋的郎官等，都归少府统领，连负责建筑的将作大匠，在汉以前也只是少府的一个属官，名"将作"①，只是汉以后才分出来成为"将作少府"和"将作大匠"。

少府有相应的财政税收职能，赋税收入相当可观，因此可以支撑秦汉宫廷艺术的发展。但是少府开支并不包括有官职的宫廷艺术家的俸禄。少府所开支的主要艺术性费用包括无官职的艺术家和宫廷乐舞、百戏艺人、大内作坊工人工资和有关艺术活动的物质资料支出。少府有一部分开支与民间的艺术活动有关。例如汉武帝后开始设置"乐府"，派出专人去各地搜集民歌。这些派出人员到各地采风，足迹几乎踏遍全国，这批人员的俸禄、盘缠和其他杂费也不是一个小数目。另外，汉代帝王好文尚艺，对宫廷艺术家的创作还不满足，经常向民间征购贤文好辞，"买文"的费用也要少府来支付。因此，少府可以说是宫廷艺术发展的财政基础。

秦汉时期的统治者喜好声乐，宫廷乐舞机构不断扩充，艺人也大量增加。秦始皇陵出土的错金银铜乐府钟钮上有"乐府"二字。汉代，雅乐舞和俗乐舞是由两个不同性质的官署分别掌管的。雅乐舞的机构为"太乐署"（一名"太予乐署"），俗乐舞的机构在西汉时为"乐府"，东汉时为"黄门鼓吹署"。太予乐署的官名是太予乐会，下有员吏 25 人，乐工和舞人 380 人。乐府机构更为庞大，自汉武帝元鼎五年（前 112 年）开始设立，到汉

---

① 吴杰泽、加藤繁：《汉代国家财政和帝室财政的区别以及帝室财政的一斑》，《中国经济史考证》第一卷，商务印书馆 1959 年版。

成帝的时候,乐工人数已经达到 9 000 多人。汉哀帝"罢乐府"时还有 829 人,可见规模之大。

中国历代统治者很重视文学的政治功用。秦汉两代很重视文辞,宫中设有文学侍从官。文学侍臣有郎官和待诏之分,待诏者一般地位低于郎,其经济地位也比较低。两汉的辞赋名家几乎都跟随帝王左右,如贾谊、司马相如、东方朔、蔡邕等人。他们生活条件优越,文学造诣很高,对推动汉赋发展起到了很大作用。

二、唐宋时期文化管理

唐诗宋词不仅是中国文学的骄傲也是世界文学的精华。唐朝雄厚的经济基础使唐代的文化艺术发展呈现出前所未有的繁荣景象。宋朝统治阶级很重视知识分子,但宋朝的政治动乱及外族入侵却使这个时期的各类文化活动显现出与唐代相异的风致,宫廷乐舞逐渐萎缩而市民文化兴起。

唐代经济发达、文化繁荣,宫廷艺术的发展达到一个高峰。最高统治者倡导艺术,扶持艺术创作,蓄养艺术人才,使宫廷艺术有了较大发展。当时宫中不仅设置了大量闲职安排艺术家,而且还有意识地做了部门分类。如翰林院是唐代文学技艺之士的待诏之所,不算正式官署。文学待诏之士,高宗乾封以后称"北门学士",玄宗初置"翰林待诏",后改为"翰林供奉",又改为"学士",都不是正式官职。学士之外,又有画待诏等名称。另外,唐代门下省之弘文馆及中书省下之集贤殿、秘书省下之著作局都分别任命了一些文士供职。唐代虽然优待文士,但是宫中文士的俸禄很低。不过能够接近皇帝或能直接服务于皇帝的文士往往除俸禄外,还有一些额外的收入,例如起草诏书的润笔。在当时宫中草诏给润笔不成定例也没有标准,但是给润笔的做法已形成。润笔的常规化到了宋代已形成制度。宋太宗时,在舍人院前立石,规定文士草制润笔。当然,北宋时期宫廷草制润笔须达到一定级别才有资格获得润笔物且润笔物的支付有差别。

唐代民风好色重乐,从宫廷到市井,处处可闻丝竹之声。从唐初到安史之乱的一百多年间,宫廷设置了庞大的乐舞机构。这些机构大抵有官府系统的太常寺,其中又分为太乐署、鼓吹署等实际部门,宫廷系统则有教坊、梨园等。唐时崔令钦的《教坊记》中对"教坊"的功用做了说明。"教坊"即宫廷管理戏曲演出及演员的机构,唐高祖时设,属太常寺。武则天如意元年(692年)时曾改名为云韶府,后又改回教坊。宋袭唐制,仍设教坊,不过其规模及艺术素质皆不如唐。无论是太常寺还是教坊、梨园中都统辖了很大一批乐舞艺人。据说,"唐之盛时,凡乐人、音声人、太长杂户子弟,隶太常及鼓吹署,皆番上,总号'音声人',至数万人"。① 这些人中,有些是犯罪没官的人和他们的家属,有些是从民间召入宫中的良家女子,还有些是被调集来的民间艺人。宫廷乐舞机构为了维持如此庞大的乐舞活动,其开支也是相当惊人的。这在盛唐时期并不是问题,但安史之乱后,藩镇割据,财政收入减少,宫廷乐舞机构的费用问题就凸显出来,不少宫廷乐人面临着被解职和减薪的命运。到了唐宪宗元和十四年(819年),决定给内教坊一定本钱,将其搬出宫去,就是为了减少财政开支让教坊自行经营。

宋代社会欣赏趣味发生变化影响了宫廷的艺术欣赏。最初宫廷尚设有教坊,后来由于歌舞这种纯表演艺术缺乏趣味性

---

① 《新唐书》卷二二《礼乐志十二》。

和故事性,宫中逐渐对此失去兴趣。到了南宋,政府财政拮据,绍兴末年教坊被取消。每逢大朝会、圣节等情况需用乐,往往是拨借临安府衙前乐人或者干脆雇民间艺人。由于宫廷乐舞的萎缩,致使市民世俗文化逐渐代替宫廷贵族文化而兴盛起来。宋代市民文化兴起的重要标志是曲艺市场的繁荣。一种新型的属于市民自己的文化中心的瓦子出现。瓦子又称瓦舍、瓦肆、瓦市。它实际上是宋代商业娱乐区的总称。瓦子还带有艺术表演设施勾栏,比较大的瓦子常常有十几个甚至几十个勾栏。艺人在勾栏里卖艺,观众进勾栏需纳钱。

唐代沿袭旧制,丰富发展了庞大的少府监工艺制造系统。少府监之职,囊括了陶瓷、染织、漆木和金属工艺等各类工艺品的生产和制作。据《唐六典》的记载,这些管理机构不仅分工明确、制度井然,而且连从何处进来原材料、何时完成产品等事项也都安排得井然有序,足见唐代宫廷及官营工艺品制造业的计划管理已达到一个新的高度。① 宋代沿袭唐代旧制,在宫中设立文思院负责工艺珍玩的生产。文思院为太平兴国三年(978年)置,分为上下两界,上界造金银珠玉,下界造铜铁竹木杂料。其中以上界产品工艺最为精致。文思院尤其是上界,有一套极为完善的管理、稽查制度,对其中工匠也严加管理。

到了宋代,绘画作为一个行业,进入了快速发展的黄金期。皇室雅好丹青,社会精英也极力追捧,民间也是需求旺盛。因此,宋代的画家名利双收。对于画家的管理也有专门的机构。宋代画院隶属于内侍省,以内侍(宦官)二人为勾当(管理)。初无定员,仁宗时设待诏三人、艺学六人、祗候四人、画学生四十人为额,后来又大大扩大。金代亦短期设画院。画院画家在宫

---

①　李向民:《中国文化产业史》,湖南文艺出版社 2006 年版,第 165 页。

廷中无论政治地位还是经济地位,在艺人中都是最高的。当时一般宫廷艺人在宫里都不得佩鱼,只有书画院的职员例外;一般职员的薪水叫"食钱",画家的薪水却称为"俸值"。从中可以看出,由于朝廷的供养,宋代画家的创作得到有力保障,其创作也必然受到皇家的规范和约束。书法艺术是中国古典艺术独一无二的奇葩,也是现实社会必不可少的需要,因此,宋代的书法艺术也同样受到皇家的重视。当时,翰林院中曾长期设置"翰林御书院",有书待诏、书艺、艺学、祗候等职别。翰林御书院的成立,为一大批优秀书法家提供了稳定的经济来源。在宫廷诸艺中,书法的地位仅次于绘画,书法家与画家一样是按月取俸,谓之"俸值",而不同于其他艺人按日计钱("食钱")。书法家平时若书法称旨还会获得皇帝的额外赏赐。

三、明清时期文化管理

明清时代是中国由古代社会向现代社会过渡的时期。

明代从开国皇帝朱元璋起就重视文人的作用,文人的地位得到前所未有的提高。开国后不久,朱元璋多次向民间征召文士,并首次将翰林院自内廷划出来,成为外朝的正式常设机构。一大批文士在外朝内廷供职。翰林院文士的俸粮先由礼部代支,后为了简化手续,便捷开支,经奏准由翰林院自行收支。这样一来,客观上使翰林院成为一个独立核算的经济实体,虽然其经费从国家财政支出,本身并不直接创造物质财富,但却使得翰林院这样一个单纯的职能部门转变为兼管文学和财务的二重职能机构。艺术与经济两个方面首次在一个宫廷机构中统一。不过,翰林院缺乏自身理财的经验,不久其钱粮开支又归禄米仓管理。翰林院文士的日常酒饭由宫中统一安排,其文具供应和其他相关服务也有很好的安排。由此足见明代对文士的重视。到了清代,文学事业比较发达,最显著的是由于出版业的发展,以支付稿酬为中心的书稿市场成立,这不仅促进了文化市场的发展,也标志着中国文学市场向近代型的市场发展。①

明代皇家也在宫中养了一大批专职画家,其人数和费用可与唐宋媲美。明朝从洪武年间起,就召集了不少书画家进京入侍宫廷,这些书画家只是宫廷侍臣,由于明代并未正式成立画院,因而也没有像宋代那样的"图画院待诏"之类的职称,主要是加以翰林院及各殿"待诏"之称或锦衣卫"都指挥使"、"指挥"之类的虚职。这类虚职都没有实际权力,他们完全是一些专业性的宫廷画师和书法家,授职的目的是为了便于发俸。清朝未设画院,但在"如意馆"中延致了不少画家,除了画家,还有若干雕工、艺匠等。馆中画匠最初也与其他匠人同列,直到乾隆九年(1744 年)才统一改"南匠"之称谓之为"画画人"。

明代宫廷歌舞活动已相当衰弱,仅限于应付礼仪、宴乐的例行表演,杂剧也不兴盛。明代宫廷演出在体制上将外朝与内廷分开。隶属礼部的教坊司掌管外朝承应,内廷供奉职能则由宦官掌管的钟鼓司承担。教坊司除了负责提供衣食蓄养一批艺人之外,还负责乐器服饰的管理、采办。清代宫廷歌舞戏剧达到一个高峰,戏班庞大,演出的规模大、频率高都超过了过去。清朝一直很重视戏剧,宫中演戏自康熙年间至道光七年(1827 年)由南府统辖,后改由升平署管理,任务主要是收罗民间艺人,教习年轻太监和艺人子弟以为宫廷应酬演出。演戏的戏台装饰豪华、台面宽敞,内廷有六大戏台,分布在清宫内、圆

---

① 李向民:《中国文化产业史》,湖南文艺出版社 2006 年版,第 281 页。

明园、热河行宫（避暑山庄）、张三营行宫、盘山行宫、颐和园等地，随时供帝王皇后看戏。自明末清初起，出现了专门管理民间戏班的梨园公会，地方上大多称之为老郎庙，而晚清时的北京则叫精忠庙（因设在精忠庙内而得名）。梨园公会由庙首掌管（多是艺术界极有威望之人），职责是在协调处理行内人事关系外，同时负责向内廷传唤伶人（即所谓的传办）及向戏界公布禁令之类的行政事务。由于清代戏剧市场的发展，各戏班、名角互相竞技，艺术水平有了很大提高。戏班往往有一班主首挑头组合，再吸引艺人，教习戏剧做巡回演出，获得收入。

中国的手工技艺发展到明代已经达到了高峰。为满足统治者日益豪奢的生活享乐需要，明朝建立了庞大的官营手工业。明初时，官营作坊的劳动力有两大类，一类是囚犯，以营造制作为其徒罚，另一类是民间世袭匠户。匠户是明代工艺制作业的主要力量。他们有着世代相传的高超技艺，制品工艺精巧，制作优良。其中一部分身怀绝技或特别优秀者，被官府工场长期役使，成为住作匠。这些住作匠籍隶京师，每月服役十天，属内府内官监管理。另一种留存匠，留在本府官工作坊，情况与住作匠相似。其实在官工作坊劳作的更多是轮班匠。明前期，官工场工匠生产积极性极为低落，消极怠工，以至于逃亡失班的情况非常普遍。尽管有严刑峻法予以制止，但是由于劳役过重，屡禁不止。随着官营工场内部问题的日趋严重，明王朝不得不考虑采用新的用工制度。宪宗成化二十一年（1485年）奏准，轮班工匠有愿出匠价者，每名每月南匠出银九钱，北匠出银六钱，即可免役，从而使一部分有经济实力的工匠有可能通过缴纳代役银免去奔波。这个政策受到大多数匠户的欢迎。在嘉靖四十一年（1562年）准予以银代役。这样明代对手工艺人的管理最终完成了以赋役折银向以银代役的过渡,这种改革极大地促进了民间工艺制作业的发展和工艺市场的繁荣,具有重大的历史意义。由于明代实行工匠以银代役,民间工匠定期为官府服劳役的义务逐渐削弱。清顺治二年(1645年)顺应此潮流,废除匠籍。清代皇家工艺制作业主要来自于两大系统,一是广储司所属银、铜、染、衣、皮、绣、花七作,一是养心殿造办处所辖四十二个作坊。此外还有景德镇等地的官窑,工艺作坊的数量减少了,但是其内部分工仍然精细,显示出高超的技艺水平和组织管理水平。

案例一:

乐　府

乐府是中国古代掌管音乐的宫廷音乐机构,乐即音乐,府即官府,这是它的最初含义。乐府早在秦代就已设立,1977年在秦始皇陵墓附近出土的编钟,上有用秦篆刻记的"乐府"两字,说明秦时已有了这种机构。汉沿秦制,乐府作为一种官署保留了下来。公元前112年,汉王朝在汉武帝时正式设立乐府,其任务是收集编纂各地民间音乐、整理改编与创作音乐、进行演唱及演奏等。经汉武帝时的大规模扩充,汉乐府在音乐的收集、整理、创新等方面发挥了极其重要的作用。汉武帝又试图通过乐府机构采集民歌,以了解民情,于是,"感于哀乐,缘事而发"的民歌纷纷被保留下来。魏晋六朝将乐府所唱的诗,汉人原叫"歌诗"的也叫"乐府诗",简称"乐府"。于是所谓乐府便由机关的名称一变而为一种带有音乐性的诗体的名称。至唐代,则已撇开音乐,而注重其社会内容,如元结《系乐府》、白居易《新乐府》、皮日休《正乐府》等,都未入乐,但都自名为乐府,于是所谓乐府又一变而为一种批判现实的讽刺诗。

教　坊

教坊为唐宋两朝官方艺术机构,分别在各朝代的京城长安(西安)、开封。唐高祖时设教坊,隶属太常寺,专门管理雅乐以外的乐舞百戏 。唐玄宗将教坊从太常寺中析出,"凡祭祀、大朝会,则用太常雅乐;岁时宴飨,则用教坊乐部"。从此,教坊与太常寺各司其职。教坊集中了众多杂技高手。唐玄宗还下令让官府将全国各地的百戏杂技艺人管辖起来,逢有盛会,征调校技,用以为国家教坊补充新人。天宝年间的安史之乱,使大唐王朝由盛而衰。叛军攻陷洛阳、长安。唐玄宗逃往四川,教坊艺人死的死、伤的伤,苟活的流散民间。安史之乱平息以后,唐朝统治者曾试图重整教坊,但因国家元气大伤,财力不足,无法恢复旧观。

两宋时期,程朱理学兴起,封建礼教观念更加森严。那时上层社会普遍接受了程朱理学。他们不再像汉唐统治者那样注重本非"雅乐"的百戏杂技。虽然宋袭唐制,仍旧设置教坊,但与盛唐比较,已不成规模。宋代官方组建的百戏杂技主力,全都收录军中。宋代兵制:殿前司分前军、后军、左军、右军、中军,以及护圣军、神勇军、王选军、策选军、游弈军,共十军。其中,左军和右军,则是演习百戏杂技的重点。左右军艺人由国家按月发"饷糈"。每逢朝会、御宴,都由左右军艺人表演百戏杂技。演出百戏杂技的军中艺人不够时,就雇民间艺人充当,宫廷供奉与民间艺人的界限逐渐消失。就像赵升在《朝野类要》里所说的那样:"今虽有教坊之名,隶属修内习教乐所,然遇大宴等,每差衙前乐权充之,不足,则又和雇市人。近年衙前乐已无,教坊旧人多是市井路歧之辈。"

第二节　民国时期的文化管理

　　辛亥革命推翻了清王朝的统治,也终结了中国两千多年的封建帝制,从此进入了民国时期。民国是一个文学艺术自由发挥的时代,出版业兴旺、戏剧市场辉煌、电影业崛起,传统文化样式加上现代文化品类的出现,使民国时期的文化管理出现了新的特点。

　　1928 年 6 月,随着两次北伐完成,国民政府形式上统一了中国,南京国民党政权作为中央政府的地位也得到了确立,由此进入了"以党治国"的训政时期。[①] 在制定推行一系列加强中央集权政策的同时,南京国民政府也加强了对思想文化领域的干预和控制。国民党扶植以三民主义为思想指导的本党文艺,即所谓的三民主义文艺。1929 年 9 月,国民党中央宣传部召开全国宣传会议,通过了三民主义文艺政策,决定创造以发扬民族精神、阐发民治思想、促进民生建设等文艺作品的三民主义的文学。但是三民主义文艺实行了不到两年就不了了之。[②] 1930 年 6 月 1 日,范争波(国民党上海市党部常务委员)、朱应鹏(《申报》资深编辑,国民党上海特别市党部监察委员会委员)等一群自称"中国民族主义文艺运动者"的文人在上海集结,宣告成立上海"前锋社",并发表了《民族主义文艺运动宣言》,正式提倡民族主义文艺运动。民族主义文艺政策以民族主义为文艺的最高意义,来促进"国民革命的发展"和"民族国家"的建

---

　　① 倪伟:《"民族"想象与国家统制:1928—1948 年南京国民政府的文艺政策及文学运动》,上海教育出版社 2003 年版,第 1 页。

　　② 从 1928 年下半年起,国民党以上海《民国日报》副刊《青白之园》和《觉悟》以及南京《中央日报》的两个副刊《大道》和《青白》作为主阵地发表作品和理论来竭力鼓吹三民主义文学。1930 年 12 月,《觉悟》文学专刊收场,至此三民主义文学彻底退出历史舞台。

立。1930 年 12 月,国民党政府颁布了《国民政府出版法》。为了遏制日益高涨的左翼文学以及控制马克思主义思想的传播,国民党政府于 1934 年在上海设立图书杂志审查委员会,用以审查作家的出版物,达到思想控制的目的。

1937 年 7 月 7 日,卢沟桥事变标志着抗日战争的全面爆发。以国共合作为基础的抗日民族统一战线正式形成之后,在国统区内,国民党采取积极的抗战政策,在文化政策上采取较为开明的政策,人民的言论出版获得了一定的自由,以往的文化专制政策有所松动。抗战文化政策成为抗战之初国统区内文化政策的主旋律。自抗战爆发至武汉失陷期间,国民党抗战文化政策表现在以下两个方面:

一是鼓励并参与文化团体、机构的设置。南京失陷后,武汉成为国统区的政治、经济、文化中心,国民党于 1938 年初决定在军委会下设政治部,政治部下设四个厅,第三厅主管文化宣传,郭沫若任第三厅厅长。第三厅集中了大批文化界进步人士,成为推动抗日救亡的重要阵地。国民党文化政策的松动使得抗日书刊、文化团体、文艺作品、救亡宣传等,都出现了少有的繁荣兴盛局面。

二是放松对新闻出版界的管制。抗战之初,作为国民党战时基本国策的《抗战建国纲领》规定:"在抗战期间,于不违反三民主义最高原则及法令范围内,对言论、出版、集会、结社当予以合法之充分保障"①。纲领规定不违反三民主义和法令,实则放松了对人民的言论、出版等的管制,并且提出在国民党的指导下,奖励文艺团体和文艺界人士编著民族抗战剧本、小说及通俗读物、民间抗战画报等文化政策。这种抗战文化政策的激励,使得各种抗日救亡和进步报刊纷至沓来。上海沦陷后,许

---

① 国民党中执委宣传部:《抗战建国纲领宣传指导大纲》,1938 年版,第 34 页。

多出版机构和书店迁至武汉,抗日书刊也如雨后春笋般地涌现,如《全民抗战》、《民主》半月刊、《民意》月刊等。由于国共合作后气氛融洽,国民党所办的期刊积极宣传抗日救亡,中共正式机关报《新华日报》和《群众》周刊在汉口也能公开出版,所以出版界也出现了前所未有的活跃氛围,图书杂志的发行量也超过了战前。

抗战进入相持阶段以后,共产党及进步力量的发展使国民党上层人士惶恐不安,文化政策也发生了变化。国民党在坚持抗战文化宣传政策的同时,在政治上的专制统治政策再次突显,相应地,文化专制政策逐渐抬头并钳制人们的思想,只允许歌功颂德而严禁批判和反映社会黑暗面,压制、打击进步势力,监视进步文化团体与人士。自 1938 年春,国民政府在继续坚持抗战文化政策的基础上,文化专制政策又逐渐抬头,主要体现在:

1. 设置专制文化机构。1938 年,国民党在各省市设立图书杂志审查处,在中央则设立中央图书杂志审查委员会。1941 年皖南事变后,在文化上也较之以前推行更为严厉的专制和高压政策,国民党在重庆设立"重庆市戏剧审查委员会",以查禁进步戏剧电影及演出活动。1941 年 2 月,国民党成立"国民党中央文化运动委员会"(简称"文运会"),其主要任务是"规划全国文化运动之各种方案"。而地方党部为控制并监视文化界进步人士的活动,由"中央指派组织文化运动委员会,以地方党部为主体",以使"地方党部得以监督各校中国共产党之活动"①。

2. 颁布一系列文化专制法规。1938 年 7 月,国民党专门通过《战时图书杂志原稿审查办法》20 条和《修正抗战期间图书杂志

---

　　①　《中华民国史档案资料汇编·二》(第五辑第二编 文化),江苏古籍出版社 1998 年版,第 224 页。

审查标准》,将审查"成书"改为审查"原稿",强调对"鼓吹偏激思想,强调阶级对立"的所谓"反动言论",必须加以查禁。为了加强对新闻舆论、书报杂志的控制,1940年国民党正式发布《战时图书杂志原稿审查方法》,1941年拟定并颁布《电影片检查标准》和《电影片送审须知》,对戏剧与电影剧本取材与作风方面作了规定,强调革除"目前一般戏剧描写颓废及暴露社会罪恶者"①等。

3. 制订专制的文艺政策。国民党以"文运会"名义于1942年9月在重庆创办了《文艺先锋》杂志。张道藩撰写了《我们所需要的文艺政策》,文章明确提出文艺创作的所谓"六不与五要",如不专写社会黑暗、不挑拨阶级的仇恨、不带悲观的色彩等。其"民族文艺"实质是只允许写生产共济、歌颂国民党的作品,而不能写阶级和人民文艺以及暴露国民党黑暗等作品。②

总体来看,民国时期的文化管理尽管国民党政府实行了专制的文化政策,但是随着经济的发展和文化生活的逐渐丰富,各文化门类都得到了较为自由的发展,现代出版社的成熟以及稿酬制度的建立都说明这个时期文化的发展。而且在这个时期涌现出很多在中国历史上占据重要位置的文学家以及书画家,他们的成就既是民国社会的骄傲也是中国文化史上不可多得的宝贵财富。

 **案例二:**

民国时期的稿酬制度

19世纪后半叶、20世纪初,上海的商业中心棋盘街汇聚了

---

① 《中华民国史档案汇编·二》(第五辑第二编 文化),江苏古籍出版社1998年版,第218页。

② 粟孟林:《抗战时期国统区的文化政策》,《吉林广播电视大学学报》2007年第1期。

多家很有影响的出版单位,成为中国出版业的中心。如此众多的出版社和报刊,必然有一支庞大的编辑记者队伍,这便形成了上海出版家群体。中国 80% 以上的书店集中在上海著名的四马路(即福州路)南北方向的两三个街区,长久以来这里一直被称为"文化街"。现代出版业的发达使 20 世纪初中国的稿酬制度已形成并且跟国际接轨。稿酬有三种基本形式:1. 稿费,又称为"润笔之资"、"润笔费";2. 版税,又称为"提成费"、"版费";3. 买断版权,又称为"作价购稿"。当时稿酬标准不一。在官办的北京报纸杂志和学术期刊上,稿酬可达每千字 4 元~5 元。而上海的报刊大多是民办的,一般稿酬为每千字 1 元~3 元。鲁迅的文章一般稿酬是千字 3 元,有时千字 5 元,《二心集》的稿酬为千字 6 元,这在上海就是比较高的了。这样的稿酬标准从五四时期到 20 世纪 30 年代没有很大变化。从 20 世纪初以来,上海出版界拟订的版税标准一般在 10%~25% 之间。例如,1921 年泰东图书局答应郭沫若的版税是 10%;胡适在新月社自订的版税标准是初版 15%,再版 20%;北新书局支付鲁迅著作的版税一般是 20%,甚至达到 25%;而梁启超的版价最高,达到 40%,甚至提出"自印包售,六折算账"。版税的支付时间,按照惯例为"三节"核对实际销售数结算。

第三节　新中国文化管理

新中国成立后前三十年的文化管理模式分为前后两个时期,1949 年到 1966 年为"十七年时期",1966 年至 1976 年为"文革"时期。

十七年间,党的文化管理政策遵照党的政治体制而制定。

1956 年 5 月 2 日,在最高国务会议第七次会议上的总结讲话中,毛泽东进一步阐述和强调了他提出的口号:"百花齐放,百家争鸣",这充分表明党的政策的宽松。但是毛泽东的讲话并没有公开,因此,时为中宣部部长的陆定一在 1956 年 5 月 26 日对毛泽东的讲话精神进行了解释,他号召出现与春秋战国时的"百家争鸣"相仿的又一次学术发展的黄金时代。他说:不鼓励独立思想和自由讨论,学术生活就会停滞,倒退;而鼓励独立思想和自由讨论,学术生活就会前进。[①] 允许知识分子对艺术、文学、科学等方面的问题进行自由批评,表达、坚持、保留自己的观点,他认为这些领域不应与政治同等看待。"百花齐放"政策的一个方面是给予知识分子一定程度的自由,以获得他们的合作,提高他们的技能;另一个方面是允许知识分子批评官员,以提高其效能。"双百"方针得到来自中央高层的认同,并且在 1956 年 9 月,党的八大将此方针写入了文件,使之正式成为党发展科学和文艺事业的方针。但是由于政治历史原因,这一方针并没有很好地执行。

新中国成立前夕,为了更好地组织动员文化力量,成立了中华全国文学艺术界联合会。而后中国作协、剧协及其他文艺协会纷纷成立,各大区、省、市、自治区也成立文联属下的各种文艺团体与组织,从而在全国范围内形成了极为庞大的文化组织体系。新中国成立不久,重要的文教机构,如各类中学、高等院校、新闻出版单位、文化团体、科研机构等,都逐步地实现了国有化或国家化。为了实施对口管理,党政系统分别设立中央宣传部和文化部,各大区、省、市、自治区等也设立了垂直隶属于中宣部、文化部的相关分支机构。与此同时,各文化机构建

---

① 聂华苓:《百花齐放的文学》第 1 卷,第 20 页。

立党委会和党组,内部的各项组织制度也日趋完善。从中央到地方,通过对文化机构及其组织体系的完整部署和管理,文化领域被完整地纳入党的一元化领导体制的框架中。

新中国的文化管理模式受前苏联影响很深,在文化管理理论、文化管理机构的设置、文化管理工作的方式上多效仿前苏联。列宁的《党的组织和党的文学》对文学和出版物的党性原则、组织原则的强调,对文学的阶级性、政党性和计划性等属性的归纳,为新中国文化管理制度的建立提供了理论根据。对前苏联文化建设模式和经验的学习和借鉴,促进了新中国文化建设和管理工作的成熟,但一些错误的思想原则和教条化的做法也导致中国的文化管理出现了严重的问题。新中国的文化管理完成了从民国时期的松散化到严密化、组织化、国家化的过渡。这种高度集中统一的文化管理体制曾经为推动新中国文化建设的发展发挥过重要的积极作用。建国后,国家集中了必要的人力、物力和财力,大力发展文化教育事业,不仅迅速摆脱了贫穷的经济状况,而且改善了人民的生活水平和精神面貌。

新中国成立后,全国各县普遍建立了文化馆。在农村、工矿设立了1 100多个流动电影放映队,①公共文化事业也迅猛发展。1949年,全国仅有公共图书馆55个,文化馆896个,乡镇文化设施基本上属于空白。到1952年,全国各省市以上的公共图书馆有59个,博物馆40所,全国有省一级的文化馆2 436个,文化站6 000多个,工厂、农村俱乐部与图书馆约2万个。全国戏曲社团约2 000个,戏曲艺人约20万人,全国每日观众近百万。从1949年到1966年,我国各部门不同门类的艺术创作取得显著成绩。小说、诗歌、戏剧、电影、绘画、音乐、舞蹈等艺术

---

① 金春明:《中华人民共和国简史(1949—2007)》,中共党史出版社2008年版,第38页。

部门,都涌现出一大批富有思想性和艺术性的作品。

总体来看,新中国文化管理体制主要有以下特点:一是文化管理中强烈凸显的政治意识形态色彩,导致主流文化产品和社会文化生活的高度政治化与同质化倾向;二是文化管理体系的高度组织化,任何文化方针政策均能由此得到高效地推广实施;三是国家对文化事业的干预度高,党的政治领导经由党政合一的管理体制直接介入具体业务的管理,甚至常常以领袖意志作为政党、国家意志,并通过严密畅达的组织动员体系推广为群众意志,发起大规模的社会运动;四是由文化管理体制推动的各项文化实践所产生的巨大社会影响,也从思想、理论和精神上逐步改造了民众的世界观、人生观和价值观,从而更有力地推进了各种政治、经济的社会实践。[①] 这种一元化的高度集权的文化管理模式,不利于文化的发展。

1966年"文革"的爆发,掀开了新中国文化管理的另一页历史。1965年11月,以姚文元的《评新编历史剧〈海瑞罢官〉》一文为导火索,开始了全国性的"文化大革命"。"文革"时期由于实行极左文艺政策,不但彻底否定了建国十七年以来成立的文化队伍和文艺工作所取得的成就,而且打倒乃至撤消了国家文化管理体制中最为重要的领导机构——中共中央宣传部和文化部,严重冲击和破坏了党的文化管理体制。1966年5月28日,中共中央发出关于设立中央文化革命小组的通知,并规定它负责"文化大革命"的领导工作。中央文革小组把持文化领导权,对文化管理实行专政,对哲学、社会科学、文学艺术等意识形态领域肆意挞伐,形成了文化管理高度专制化的局面,造

---

① 饶先来、蒯大申:《新中国文化管理体制研究》,上海人民出版社2010年版,第78—79页。

成了极其严重的后果。

1976 年 10 月粉碎"四人帮",使我们的国家进入了新的历史发展时期。[①]

1978 年,为了冲破"两个凡是"的束缚,在邓小平领导下,由思想理论界和新闻界联手发动了"实践是检验真理的唯一标准"的大讨论。真理标准的大讨论前后历时三年多,通过这次大讨论,肃清了"两个凡是"的错误思想影响,党的实事求是思想路线在中央得以重新恢复和确立,有力地推动了思想文化领域的拨乱反正。1979 年 10 月 30 日,第四次文代会开幕。邓小平代表党中央、国务院向大会致祝词,提出坚持"双百"方针,阐明了新时期文艺的方针、政策和任务,明确了文艺与政治的关系,指明了文艺发展新的道路。

为了贯彻落实党的十一届三中全会精神,文化部门自身在市场经济体制改革的大背景下不断进行文化政策的调整。国有文化事业单位开始放开一些经营活动,"双轨制"开始出现,其标志性的事件是 1978 年财政部批准人民日报社等新闻单位实行"事业单位,企业管理"。1988 年,文化部、国家工商行政管理局又发布《关于加强文化市场管理工作的通知》,正式确认"文化市场"的概念,同时明确了文化市场的管理范围、任务、原则和方针。在此背景下,艺术表演团体的体制改革也在进行。1979 年底,文化部起草了《关于艺术表演团体调整失业、改革体制以及改进领导管理工作的意见》,提出要下放艺术表演团体的演出剧目权、一定的财政权和用人权。1980 年 3 月召开的全国文化局长会议认为艺术表演团体的体制和管理制度方面的问题很多,需要进行合理的改革,明确提出有步骤地改革文化

---

① 《三中全会以来重要文献选编》,人民出版社 1982 年版,第 819 页。

事业体制,改革经费管理制度。在此期间,国家对艺术表演团体的补贴办法进行了改革,把差额补贴改为定额补贴和政策性补贴,超出部分国家不补,结余部分归艺术团体自己支配使用,这种做法成了艺术表演团体改革的先声。

随着我国经济体制改革的深入,文化的产业属性逐步显现,以营业性舞会和音乐茶座为发端的文化市场日益活跃。1979年,广州东方宾馆开设了国内第一家音乐茶座,在社会上引起轰动,成为我国文化市场兴起的标志。在我国文化市场发轫之初,许多文化市场门类,如录像放映、舞会等,分属各个部门的国有文化单位,对这些经营活动的管理,主要由文化、广播电视、新闻出版等各个部门自行负责。到20世纪80年代中期,随着社会办文化的兴起,许多文化经营活动逐渐突破"政府办文化"的格局,形成独立于各主管部门之外的文化经营群体,"文化市场"逐步形成,对文化市场进行统一管理也成为客观需要。因此,1988年2月,文化部、国家工商行政管理局联合发布《关于加强文化市场管理工作的通知》,第一次明确使用了"文化市场"的概念,规定了文化市场的管理范围、任务、原则和方针,是我国探索文化市场管理的具有里程碑意义的一个文件。

在计划经济体制下,文化单位都是事业单位,政府给多少钱,就办多少事。文化活动和文化建设完全依靠政府的财政拨款来进行,所生产的精神产品也很少考虑市场需求和通过市场来实现自己的价值。"捧铁饭碗"与"吃大锅饭"的文化管理方式限制了文化市场活力。要适应社会主义市场经济的发展,解放和发展文化生产力,就必须改革文化管理体制。党的十四大报告提出要"积极推进文化体制改革,完善文化事业的有关经济政策"。1996年,党的十四届六中全会通过的《中共中央关于加强社会主义精神文明建设若干重要问题的决议》,提出了文化体制改革的任务和一系列方针。2000 年 10 月 11 日,党的十五届五中全会通过的《中共中央关于制定国民经济和社会发展第十个五年计划的建议》,第一次在中央正式文件里提出了"文化产业"这一概念,要求"完善文化产业政策,加强文化市场建设和管理,推动有关文化产业发展"①。"文化产业"概念的提出,对文化管理、尤其是文化体制改革具有重要作用。2006 年 1 月 12 日,中共中央、国务院联合发布了《关于深化文化体制改革的若干意见》,《意见》提出,以体制机制创新为重点,形成科学有效的宏观文化管理体制,富有效率的文化生产和服务的微观运行机制,以公有制为主体、多种所有制共同发展的文化产业格局,以及统一、开放、竞争、有序的现代文化市场体系。同年 9 月 13 日,国家制定并发布了《"十一五"时期文化发展规划纲要》。2007 年 10 月 15 日,胡锦涛在党的十七大报告中,明确提出要"推动社会主义文化大发展大繁荣",强调要"深化文化体制改革,完善扶持公益性文化事业、发展文化产业、鼓励文化创新的政策,营造有利于出精品、出人才、出效益的环境"。

互联网的发展也对我国文化建设和管理产生影响并带来了一系列挑战。建立新媒体特别是互联网管理体制机制成为文化管理的新领域。首先,制定了三十多部法律法规和部门规章。2000 年以来,全国人大常委会颁布了《关于维护互联网安全的决定》,就打击互联网违法犯罪行为作出了原则性的全面规范;国务院颁布实施了《互联网信息服务管理办法》,确立了我国对互联网站进行审批、备案管理的基础性制度,对网上禁

---

① 《中共中央关于制定国民经济和社会发展第十个五年计划的建议》,载《人民日报》2000 年 10 月 19 日。

止传播的违法内容作出明确规定；发布了《互联网新闻信息服务管理规定》《互联网电子公告服务管理规定》等规章，内容包括互联网新闻信息服务和网站论坛申报的资格条件、申报程序和管理要求，规定商业网站只能转载而不能自采新闻。2003年3月，文化部发布《互联网文化管理暂行规定》，对互联网文化活动进行规范管理。其次，在实践中初步摸索出一套管理办法，探索建立了法律规范、行政监管、行业自律、技术保障相结合的管理体制，初步建立了由信息产业部门负责行业管理，公安部门负责安全监管，新闻宣传部门牵头，文化、广电、新闻出版、教育、工商等十余个政府部门参与信息内容管理的工作机制，保障新媒体的健康快速发展，对我国经济社会产生了巨大的推动作用。

思考题：

1. 我国古代文化管理有哪些特点？
2. 新中国成立后的十七年期间文化管理体制有哪些特点？

附录二　国外文化管理

【内容提要】本章共分四节,第一节介绍目前国际社会文化管理的两大类型和文化管理体制的四种模式。第二、第三、第四节分别介绍美国、法国、日本文化行政管理体制、管理手段、文化政策的特点和成效。

【关键词】文化管理　政府部门　市场机制

由于政治体制、文化传统、历史进程、经济状况等的差别,世界各国在文化管理实践中,逐渐形成了各有特色的文化管理模式。随着政治经济的发展和国际局势的深刻变迁,也出现了不同文化管理模式之间的整合与互相吸收。

第一节　文化管理模式

一、文化管理的两大类型

文化部制和国家艺术(人文)理事会制是当代世界两大基本的文化管理类型。

(一)文化部制

二战以后,西方国家的一些中央政府开始在原有的教育行政主管部门的基础上,建立起以文化部等命名的文化行政主管机构。

文化部制,是中央政府文化行政体制,其特点是:第一,组织性质上,是由国家行政首脑组阁设立或法律授权成立的、以文化部等命名的中央政府行政机构,对中央政府负责。第二,组织职能上,是中央政府的文化行政主管部门,承担着制定国家文化政策、文化行政法规,以及实施文化行政许可、文化行政稽查等职能。第三,组织体系上,根据国家行政组织序列,在省、市等地方政府层面通常设置了以行政隶属关系为纽带的文化行政组织网络,其中,联邦制的国家内,地方政府具有较大的自治权;而单一制的国家中,文化部与地方各级政府之间大多建立了行政隶属或行政指导的关系。第四,组织成员上,绝大多数是中央政府官员和国家公务员。

当代西方文化部制的生成经历了两次高潮。一次是在20 世纪 50 年代,以 1953 年前苏联的文化部、1959 年法国的文化部为代表;一次是在 20 世纪 90 年代,1990 年挪威的文化事务部、1991 年新西兰的文化事务部、1992 年英国的国家遗产部、1993 年加拿大的遗产部和爱尔兰的艺术文化部等相继成立。文化部制成为西方国家普遍采用的国家管理文化模式之一。①

(二)国家艺术(人文)理事会制

为保护国家文化遗产,扶持国内艺术文化,资助本国文化产业,一些西方发达国家先后建立了专门的国家文化艺术基金组织"国家艺术理事会"(或国家人文理事会)。这是一种中央文化准行政机构,以国家文化财政拨款的方式,承担起国家文化艺术基

---

① 陈鸣:《西方文化管理概论》,书海出版社 2006 年版,第 16 页。

金的评估、审批和分配的职能。

国家艺术理事会制的特点是：第一，组织性质上，是由国家授权或国会颁布特别法令，以国家艺术理事会等名称独立建制的国家文化准行政组织，该组织的理事由国家元首或文化部长任命、国会批准。第二，组织职能上，专门管理国家文化基金的分配事务，将财政部或文化部的国家文化基金（包括公共文化捐赠），按照一定申请评估程序，以基金资助、协议信托等方式，拨款给本国非营利的文化基金申请者、公共文化部门或国家扶持的文化机构。第三，组织体系上，独立于中央政府行政序列之外，通常在全国主要省市建立一些紧密型的分支机构或松散型的代理机构，以合作的方式从事国家艺术文化基金的具体分配工作。第四，组织成员上，绝大多数的成员都是文化领域的专家和学者，不是国家公务员。

当代西方国家中，美国是实行国家艺术理事会制的典型国家。建立国家艺术理事会的国家有：1946 年，英国的大不列颠艺术理事会；1949 年，瑞士的瑞士艺术理事会；1957 年，加拿大的加拿大艺术理事会；1965 年，美国的美国国家艺术基金会和挪威的挪威艺术理事会；1974 年，瑞典的国家文化事务理事会；1975 年，澳大利亚的澳大利亚理事会等。国家艺术理事会制已经成为与文化部制相对的一种国家管理文化模式。①

一个国家的文化管理模式通常与该国家的政治体制密切相关。一般认为，单一制的国家习惯于文化部制，而联邦制的国家更倾向于国家艺术理事会制。由于单一制国家中央政权享有全部国家权力，利于文化行政管理机构形成从中央到地方的各级分支机构，通过各分支机构执行国家文化政策，分配国

---

① 陈鸣：《西方文化管理概论》，书海出版社 2006 年版，第 16 页。

家文化财政支出。如法国、意大利、葡萄牙、阿尔巴尼亚、罗马
尼亚、波兰等。而联邦制国家地方州政权各自有自己的立法、
行政、司法体系,地方政府拥有较大的自主性,联邦政府难以在
各州普遍建立起国家文化行政管理网络。因而联邦制的国家
倾向于选择国家艺术理事会制,如美国、瑞士等。

当代多数西方国家整合文化部制与国家艺术基金会制,
实行文化部制与国家艺术理事会制双重管理文化模式。一
些西方国家由国家艺术理事会制向文化部制拓展,如英国、
爱尔兰、加拿大、新西兰、挪威、澳大利亚等;另一些西方国家
则在文化部制的基础上引入了国家艺术理事会制,如芬兰、
荷兰等。①

20世纪90年代,前苏联解体,东欧剧变,一些中东欧国
家也在原有的文化部制模式基础上,先后采纳了国家艺术理
事会制。如保加利亚、克罗地亚、爱沙尼亚、匈牙利、拉脱维
亚、立陶宛、斯洛文尼亚等。

一部分仍采取单一文化管理模式的西方国家也不同程度
受到文化管理模式整合的影响。比如,通过设立国家文化基金
会,使国家文化财政拨款逐渐从文化部系统分离出来,或在中
央文化行政系统内形成相对独立的组织机制,如法国、阿尔巴
尼亚、波兰、希腊、匈牙利、瑞典、俄罗斯、葡萄牙等。有些联邦
制的国家在联邦政府层面上设置起国家文化行政部门或行政
长官,以弥补国家艺术(文化)理事会制在国家文化行政管理方
面的局限。比如,1975年,瑞士成立联邦文化办公室,奥地利也
成立了联邦教育艺术部,现改名为联邦教育科学艺术部等。②

---

① 陈鸣:《西方文化管理概论》,书海出版社2006年版,第18页。
② 同上。

二、文化管理体制的四种模式

根据政府在文化管理体系中的地位,国外文化管理体制有以下四种模式:市场调节模式(以美国为代表),多元复合模式(以法国为代表),国家计划模式(以前苏联为代表),政府主导模式(以韩国为代表)。

(一)市场调节模式。市场调节模式的特点是文化事业和文化产业的发展主要依靠市场和社会力量。政府主要通过制定法律法规、发布经济政策,通过民间文化机构和中介组织来间接管理文化,而不是由政府直接管理文化。在这一模式下,市场在文化发展中发挥主导作用。美国、加拿大、澳大利亚和英国都采取这一模式,其中以美国最为典型。

该模式的优点:第一,政府较少干预文化发展,文化单位在文化市场上自由竞争,有利于形成符合文化活动规律、多样化多层次的文化格局,能较好地满足不同类型人群的文化消费需要。第二,政府对非营利性文化单位以经济优惠政策而非行政拨款的方式进行扶持,减轻了政府的财政负担,有利于将更多的社会财富用于发展文化事业。第三,依靠众多民间机构去调节文化和公众的关系,有助于调动地方和个人的积极性。第四,依靠法律手段而非行政手段规范文化市场和推动文化发展的做法,有利于文化事业健康、有序地向前发展。该模式也有不足,主要是半官方和非官方的文化管理机构较多,管理难度大,容易造成管理权限的重叠和效率低下。①

(二)多元复合模式。多元复合模式是一种包括集权、分权和放权等多种管理形式的文化管理体制。其特点是在同一个国

---

① 孙萍:《文化管理学》,中国人民大学出版社 2011 年版,第 336 页。

家内,对不同的文化事业(产业)或同一文化事业(产业)的不同层次,采用不同的管理体制,在不同的发展时期对同一文化事业(产业)采取不同的管理方式。法国是采用这一模式的典型代表。

其优点是:第一,中央集权和地方分权相结合,增加对地方文化单位和文化活动的资助,有利于调动地方办文化的积极性。第二,国家干预与市场调节相结合,有利于对那些需要加强调控的部门进行有效的监控,也有利于使那些可交由市场调节的行业得到充分自由的发展。第三,集权、分权、放权并用,体现了管理的灵活性。① 这种模式的不足主要是集权和分权、放权和收权的矛盾会给管理带来较多的问题。

(三)国家计划模式。这是一种中央高度集权的文化管理模式,是计划经济体制的产物。一国的文化事业(产业)由各级政府及其主管行政部门以指令性计划和行政手段进行调节和控制。该模式主要特点是:文化事业(产业)主要由国家兴办,从中央到地方形成了庞大而严密的条块结合的封闭性的文化行政网络,一切行政权力(包括人权、财权)均集中在各级文化机关,国家对文化事业实行全面直接的控制,文化经费基本上由国家统包。前苏联、朝鲜和改革开放前的中国是实行这种模式的典型国家。

政府计划模式在一定的历史时期曾发挥了重要的作用。其弊端也十分突出:一是片面强调文化是上层建筑、意识形态的工具,忽视了文化自身的发展规律,限制了文化事业的发展。二是文化产品的供需关系紧张,难以有效地满足人们的精神文化需要,也限制了文化产业的发展。三是文化行政机关拥有文化管理的一切权力,文化单位没有自主权,其积极性、创造性严

---

① 孙萍主编:《文化管理学》,中国人民大学出版社 2011 年版,第 336 页。

重受挫。同时,文化经费来源单一,国家拨款有限,不利于文化事业的发展。①

(四)政府主导模式。政府主导模式的典型特点是,政府从宏观上管文化,而不是从微观上办文化。文化事业以私人兴办为主,政府发挥主导作用,积极引导和协调。韩国、新加坡是实行这一模式的主要代表。政府主导模式的优点是:第一,政府的强有力调控有助于消除文化交流中的负面影响,有助于继承和发扬本国的优秀文化传统,进而提高社会的整合程度。第二,文化管理机构少而精,有利于提高管理效率。缺陷是,较适合单一制的国家,不太适合多民族、地域辽阔的大国。②

上述四种管理体制,是目前较典型的几种模式。就实际状况看,任何一个国家的管理体制往往都是在一种管理体制中会夹杂另一种体制的某些特点和做法。

第二节 美国文化管理体制和管理方式

美国政府不设文化部之类专门的政府文化管理机构,在文化管理上主要依靠法律和经济政策杠杆进行文化管理,以市场为主导。美国政府不直接参与文化事业,而是实行间接管理。国家艺术基金会、国家人文基金会,以及联邦艺术暨人文委员会等准官方机构代表政府行使部分管理职能,这些机构同时也具有社会中介组织的功能。美国对文化发展的管理和协调机制以"无为无不为"为特征,具体管理方式以各州政府为核心协调各单位,充分发挥地方政府和民间基金会的作用,通过形成

---

① 孙萍主编:《文化管理学》,中国人民大学出版社2011年版,第324页。
② 同上。

各种介于各州政府和具体文化部门之间的非营利性文化组织、基金会及创设各种资助文化单位的捐赠制度，促进各种文化企业、各个文化部门和具体单位发展。

一、法律保障

美国主要是通过制定相关的法律来保证文化持续发展。其中最关键的两部法律是《国家艺术及人文事业基金法》和《联邦税收法》。

《国家艺术及人文事业基金法》（简称《基金法》）于 1965 年颁布。这部法律保证了美国政府每年必须投入到文化艺术中的资金比例，并确保这项资金用于公益性为主的文化艺术事业而不是耗费于庞大的文化行政机构的运行之中。

1917 年颁布的美国《联邦税收法》明文规定，对非营利文化团体、机构和公共电视台、广播电台免征所得税，并减免资助者的税额。《联邦税收法》中规定，可以享受免税待遇的机构和组织有：交响乐团和类似的团体、促进爵士乐发展的音乐节或音乐会组织者、合唱艺术团体、青少年艺术团体、艺术展览团体、戏剧表演团体、舞蹈艺术团体和学校、历史文物保护团体等。[①]法规制度激发了全社会参与文化活动和投资文化的热情，从而形成了美国文化投资主体的多样性。

随着美国海外文化市场的扩大，1996 年，出台了以对文化生产放松管制为特征的《联邦通讯法》，它赋予电话公司在其营业区内销售视频节目、经营有线电视等权利，并放宽了对文化、信息企业合并的限制，目的是加强美国在媒介领域的全球竞争力。美国传媒企业乘势跨媒体合并，如时代与华纳的兼并。

---

① 任一鸣：《英美文化管理体制探考》，载《社会观察》2004 年第 6 期。

美国还有许多其他有关文化的法律和规章制度,如《电影法》、电影分级制度、电视制作放映的审查定级制度等,通过这些规章制度确保文化的健康发展。

在版权领域,由于美国版权产业的迅速崛起,从20世纪80年代开始不断加强版权法的修订工作,如《版权法》、《版权期间延长法案》(1998年)、《数字千年版权法》(1998年,版权保护扩展到数字化版权)、《技术、教育和版权协调法案》(2002年)、《家庭娱乐与版权法》(2005年)等,进一步加大了对版权所有人合法权益的保护力度。

美国对知识产权的保护和救济,主要有三条途径:联邦与州多层次的知识产权司法保护,政府部门负责知识产权的行政保护,知识产权的仲裁保护。美国通过诉讼管辖、非讼管理、仲裁解决等手段及时处理各类知识产权纠纷。法律规定,若侵权方对权利人的警告置之不理,一旦诉讼失败,将面临三倍的惩罚性赔偿,迫使侵权人主动与被侵权人进行私下和解。

为保护本国知识产权,还先后参加和制定了一些法律、协议。如TRIPS协议(WTO《与贸易有关的知识产权协定》,1993年),不仅将《伯尔尼公约》、《巴黎公约》、《罗马条约》等的实体性内容几乎都纳入了自身体系,而且其中很多规定又远远超出了上述公约。"特殊301"条款,则是美国在1988年专门针对知识产权在其他国家的保护状况问题而推出的贸易报复条款。"337条款",最早见于1930年美国《关税法》第337条,后来扩大适用到有关知识产权的不正当贸易行为。案件争议尤以专利侵权、版权侵权行为居多,调查的主管部门是美国国际贸易委员会,处罚措施严厉,违者将被处以高额罚款,逐步演化为美国通过贸易报复促进知识产权国际保护的有力武器之一。

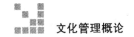

二、以基金会和税收优惠为主导的资助方式

美国文化艺术赞助体制是复杂、分散和多样化的,文化艺术机构既获得联邦、州和地方政府的拨款,也有个人、公司和基金会等私营部门对其进行赞助。

(一)国家艺术、人文基金资助

美国联邦政府不直接对文化机构拨款,而是主要通过国家艺术基金会、国家人文基金会和国家博物馆图书馆学会等社会中介组织对文化实施资助。这些文化中介组织只有计划协调和财政资助职能,无行政管理权,各地方政府也无相应的对口分支机构。

依据 1965 年的《国家艺术及人文事业基金法》,美国成立了国家艺术基金会与国家人文基金会,还设立了联邦艺术暨人文委员会。国家艺术基金会与国家人文基金会为独立的联邦机构,其宗旨是支持美国的人文与艺术的发展和文化资产的保护,以奖掖文化艺术活动、提升文化艺术水平为主要任务。基金会组织方式都采用合议制:重要决策并非由一个最高领导人决策,而是由若干人组成的决策小组开会决定。

根据美国教育法案,国家艺术基金会的决策小组是国家艺术委员会,共 20 位委员,包括 6 名国会议员与 14 名公民。美国国家人文基金会内部设有国家人文委员会,由 26 名公民组成,其产生方式是由总统提名,经由参议院同意。这些委员必须在人文方面有卓越的成就。[1] 联邦艺术暨人文委员会由联邦政府

---

① 陈金秀、吴继兰:《独具特色的美国文化管理体制》,载《中国信息报》2010 年 11 月 24 日,第 7 版。

中工作性质与文化发展有关的部门的首脑组成。

国家艺术、人文基金会每年向各州及联邦各地区艺术委员会拨款一次,占年总基金额的 20％,其余款项直接用于向各个艺术人文领域内的个人及团体有关项目提供直接资助,也用于对优秀艺术成就的奖励。[①]

国家艺术、人文基金会的投入只占人文艺术整体投入的一小部分。政府通过"资金匹配"政策要求各州、各地方拨出相应的财政资金与联邦政府的资金配套,鼓励企业赞助和支持文化艺术事业。如美国国家交响乐团每年得到的艺术委员会拨款只占总费用的 10％,其余款项需由地方、企业及全社会予以资助。而对于各艺术团体或艺术家来说,如欲获得政府补贴,必先从企业或其他途径筹集到政府资助 3 倍以上数额的资金。国家艺术与人文基金会规定,对任何具体项目的资助总额都不超过所需经费的 50％。

1996 年,依据《博物馆图书馆事业法》,美国合并重组成立了国家博物馆图书馆学会。国家博物馆图书馆学会专门负责对博物馆、美术馆和图书馆的资助。这里的博物馆还包括动植物园、水族馆及相关科研培训中心,图书馆还包括档案馆、历史研究学会和高等教育机构。

(二)州政府和地方政府拨款

州级艺术拨款是另一个重要资金来源。州级艺术拨款的多少,取决于州税收额。2003 年州级艺术经费共计 3.545 亿美元,2004 年共计 2.737 亿美元。由于财政压力,近年来许多州的艺术经费都有减少。州政府支持艺术的做法与国家艺术基

---

① 任一鸣:《英美文化管理体制探考》,《社会观察》2004 年第 6 期。

金会类似,但更注重小型、地方色彩更浓的艺术组织以及年轻和不知名的艺人。州艺术机构还扶持社区团体的艺术活动以及艺术应用。①

地方政府的拨款数额更多。2000年,通过国家艺术基金会拨出的经费是1.05亿美元,而州政府用于文化事业的费用4.47亿美元,地方政府投入的经费则高达8亿美元。也就是说,当年州和地方政府为文化艺术提供的经费资助比基金会拨款高出10倍多。②

(三)其他公共部门对文化艺术的支持

美国政府其他一些部门也为文化事业提供资金。有的是独立的文化艺术部门,有的是挂在本身与文化艺术没有直接关系的政府部门(如国防部)之下。受联邦政府资助的文化项目达两百多个。2004年联邦政府及准政府机构史密森学会、公共广播公司、博物馆和图书馆服务局、国家人文基金、国家艺术基金、国家美术馆、内务部(拯救美国文化遗产项目)、肯尼迪艺术中心、教育部(寓艺术于教育模范发展项目)、美术委员会、首都计划委员会、服务管理总局(建筑艺术项目)、历史文物保护顾问委员会,分别有0.1亿~4.89亿美元的文化艺术预算。③

(四)私营部门的捐赠与税收优惠政策

美国法律有明确的税收优惠政策鼓励向艺术事业捐赠。纳税捐赠方向免税的非营利性文化机构提供任何形式的捐赠,

---

① 韩红:《美国资助文化事业的运作方式》,载《学习月刊》2007年第14期。
② 阎世训、濮菊保:《独具特色的美国艺术资助体系》,载《中国文化报》2004年8月10日。
③ 韩红:《美国资助文化事业的运作方式》,载《学习月刊》2007年第14期。

可减少纳税额。根据个人的不同情况,每向非营利性机构捐赠1美元,每1美元收入便可减少28～40美分的税。用经济学的语言讲,捐赠的"价格弹性"为0.9～1.4,也就是说,美国财政部每减少1美元的税收收入,私营部门的非营利机构便得到90美分至1.4美元的捐赠。[①]

个人和基金会、公司的捐赠。个人捐赠约占捐款的百分之五十。公司捐赠很分散,1994年到1997年,大公司给予文化艺术的捐款从0.75亿美元攀升到11.6亿美元。[②] 美国的基金会资产约4000亿美元。1992年最大的25家基金会占向艺术事业捐赠的百分之四十,其余由许多小型基金会提供,另外还有家庭基金和遗产基金等。[③]

在美国,另一个值得注意的捐赠方式是做义工,全国共有约39万名全职义工,此外,还有为数众多的非全职服务人员。[④]

总的看,美国非营利性文化组织的资金来源,约半数为销售收入,其余约40%为私营部门(公司捐赠7%,基金会13%,个人20%)的捐赠,公共部门提供的资金占10%,其中联邦政府提供的资金仅占2%,作为美国最大的联邦艺术管理机构的美国国家艺术基金会仅提供不到1‰资金(不含联邦政府通过税惠政策为文化事业提供的间接扶持)。[⑤]

三、地方艺术机构

美国通过财税政策,使地方艺术机构中拥有数量众多的非

[①]　韩红:《美国资助文化事业的运作方式》,载《学习月刊》2007年第14期。
[②]　阎世训、濮菊保:《独具特色的美国艺术资助体系》,载《中国文化报》2004年8月10日。
[③]　韩红:《美国资助文化事业的运作方式》,载《学习月刊》2007年第14期。
[④]　同上。
[⑤]　同上。

营利机构,它们对于文化艺术事业的发展起着重要的作用。美国有4 000多个地方艺术机构,其中75％属于非营利性机构,又称为半官方性机构。它们享受财产税、销售税减免、邮件减免60％邮资等优惠政策。1998年,非营利性地方艺术机构资金的一半来自地方税收,约20％来自慈善赞助,约30％来自自身经营所得。①

对于营利与非营利的区分,不在于其是否盈利,而是看其经营目的,即:营利性机构在于为老板或个人和股东谋利;而非营利性机构除了支付雇员的工资和场租费用外,其收入、财产和盈利不得为个人所有。美国的文化艺术团体均可自愿选择登记为营利或非营利机构。

这些非营利性地方艺术机构,并不按传统的政府机构运作。它们除了履行传统的拨款功能外,87％的机构负责管理地方艺术节和艺术展览;70％的机构为文化艺术事业提供宣传、志愿服务、咨询等支持;57％的机构与会议中心和旅游机构密切合作,从事文化艺术活动;33％的机构负责实施公共场所的文化项目。地方艺术机构在支持地方文化艺术方面发挥着举足轻重的作用。②

四、对营利性文化产业的自由竞争政策

对于营利性的文化产业,美国政府将其与其他产业部门同等对待,与钢铁、汽车等其他产业没有什么不同,奉行自由贸易政策。政府鼓励非文化部门资金的投入,吸引外国资本的参

---

① 阎世训、濮菊保:《独具特色的美国艺术资助体系》,载《中国文化报》2004年8月10日。

② 同上。

与,鼓励文化产业跨国经营。营利性文化企业不能享受减免税的优惠政策,而是由市场调节,优胜劣汰。

美国电影的生产管制主要通过行业自律。在美国电影早期,美国国内有众多的地方政府和教会团体的电影审查机构。1922年,为避免联邦政府的介入,电影行业协会聘请威尔·海斯进行行业内的自律审查。海斯1930年出台了《电影制作法典》(亦称"海斯法典"),对电影表现犯罪、性、粗俗、舞蹈、种族关系、民族情感、宗教及所使用的语言、影片片名等方面作了近乎苛刻的详细规定,凡是有违"法典"的影片,均不能加盖该委员会的批准章,任何未经该委员会批准擅自上映影片的制片人或发行商将被课以25 000美元罚款。1968年11月,美国电影协会废弃《电影制作法典》,正式启用自愿性电影分级制度,分为G、M、R、X四类。美国电影分级制度历经几次修改,到1990年定型为今天仍在使用的五级制。G级:大众级影片,适合所有年龄层次的观众观看。PG级:建议在家长陪伴指导下观看,一些内容可能不适合儿童。PG-13级:家长需特别谨慎对待,一些内容可能不适合13岁以下儿童观看。R级:限制级,17岁以下观众必须有家长或成人陪伴方可观看。NC-17级:17岁以下观众严禁观看。该类影片系成人电影,具有强烈的暴力、性爱、吸毒或畸形变态内容。负责电影定级的机构是美国电影协会"分类定级办公室"下属的定级委员会,由8到13名全职委员组成,委员会的日常运作相对独立,采取民主讨论、投票的方式决定对某部影片的定级。

对于具有宣传与舆论传播功能的电台与电视广播,无论公共(非商业性)的与私营的,都归联邦通讯委员会管理。该委员会的主要下属机构有内政部的通讯局、商务部的公共事务局和白宫办公厅的总统通讯助理办公室。该委员会还有一些分支部门从事日常管理工作。委员会负责审查新办电台、电视台的申请,并根据有关条例决定是否允许它们营业,审核通过后颁发营业执照。这种营业执照并非永久性的,通常有效期在三至五年。若电台、电视台违反有关规定,则被吊销营业执照。[①] 美国出版业发达,目前,出版社大约有 5.5 万多家,年出书 100 种以上的出版社有 150 多家。[②]

第三节　法国文化管理体制和管理方式

以国家干预为主要特征的法国文化管理方式一直被认为是不同于美国自由主义文化管理的典型代表。法国历史文化悠久,强调文化产品有不同于一般商品的文化属性,其文化管理强调政府规划。法国政府对文化的重视在欧洲国家中是最为突出的,非常重视文化保护,体现在世贸总协定谈判中坚持"文化例外",对本国广电节目、歌曲业实行配额制,坚持"文化多样化",通过法律保护法语的优势地位等。近些年重视引入竞争机制,推行契约式管理,分散文化权力,实行分权与集权结合。

一、文化管理体系与管理模式

(一)行政体系

1959 年 7 月,法国中央政府在国民教育部之外建立了文化

---

① 王泠一:《美国文化事业产业化运作举例》,载《上海国资》2000 年第 4 期。
② 魏龙泉、邵岩:《纵览美国图书出版与发行》,中国经济出版社 2007 年版,第 1 页。

部(现改名为文化传媒部)。文化部的职责是"使最大多数法国人能够接近人类的尤其是法国的文化杰作,确保他们对我国文化遗产的兴趣,促进文化艺术创作,繁荣艺术园地"。[①] 文化部长负责分配国家文化基金给所属司局,并实施监督。国家文化基金的预算计划由总理的内阁决定、国会批准。

文化部在每个大区(法国的国家行政单位,也是区域自制单位)都设有文化事务管理局作为文化部的派出机构,统一对全国的文化事业进行协调管理。法国还成立了出版社和通讯对等委员会、法新社最高委员会、广播电视质量委员会等独立的行政分支机构。

(二)政府宏观调控

政府通过政策、法规等对文化进行宏观管理。法国政府将文化问题写入国家发展五年规划,从法国第四个五年规划(1962—1966)起,文化发展被列入五年规划,对文化事业进行规划和指导。

法国文化政策的稳定期是 1959—1969 年。文化部长 A. 马尔罗先后制订了一系列有利于推动和繁荣文化建设和发展的文化政策。20 世纪 80 年代,社会党执政,并从 1982 年起提高了文化预算。最引人注意的是为落实新的艺术工作者政策而采取的一系列措施。20 世纪 80 年代以后,一些长期以来被排除在文化领域之外的群众性文化艺术,如通俗歌曲、爵士乐、摇滚乐、连环画等逐渐得到政府的承认和支持,成为国家有意发展的文化艺术范畴。一些新兴的现代文化艺术形式,例如广

---

① 肖云上:《法国的文化政策》,载《国际观察》1999 年第 6 期。

告、时装表演、烹饪技术以及与文化艺术相关的科学和技术也得到文化部门的承认。①

(三)集权、分权、放权与契约式管理

1982年,《市镇、省、大区权力和自由法案》颁布,以法律的形式确认地方行政自治权。在文化领域内,法国政府推行了"分散文化权力"的政策,把一些文化权力移交给地方,授予地方文化团体或机构更多的权力和自主性。文化部与地方文化行政机构之间的关系,由过去的行政隶属关系转为新型的指导和协作关系。② 同时,管理上还采取国家垄断与自由放任相结合的方式。以法国媒体管理体制为例。20 世纪 80 年代以前,法国公共广播部门为国家垄断,政府对广播业的管理采取集权方式。20 世纪 80 年代以后,法国与欧盟许多国家一样,对广播电视业管理体制进行改革,允许私人资本从事商业化经营。1984 年开通了商业频道,公共电视和私营电视开始并存。法国1986 年通过《传播自由法》,还允许外国投资者最多可拥有一个电台和电视台 20%的股份。为引入市场竞争机制,法国广播电视节目生产采取制播分离的做法,国营广播电视台大量购买独立节目公司制作的节目。③

对同属新闻业的报刊业,法国采取放权方式,反对国家干预,主张新闻业独立、自主地经营。报刊和图书出版等市场化程度很高。按所有权划分,有私人报刊、同仁报刊、政党报刊和

---

① 江小平:《〈法国的文化政策〉简介》,载《国外社会科学》1991 年第 6 期。
② 陈鸣:《西方文化管理概论》,书海出版社 2006 年版,第 60 页。
③ 祁述裕:《中国和欧盟国家文化体制、文化政策比较分析》,载《中国特色社会主义研究》2005 年第 2 期。

社会团体报刊等。其中,私人报刊占主导地位。报刊内容不受检查。①

契约式管理。文化部在全国各地普遍建立了以签订文化发展协议为机制的协作关系。如国家和大区计划合同、国家与文艺院团签订的契约等。通过合同制形式,对地方重要文化项目给予帮助,同时利用合同对政府资助的部门和单位进行监督,确保投入经费的使用效果,实现政府的管理目标。法国全国艺术文化的资助和补贴由文化部的基金会负责。法国目前有 15 万个文化协会,占全国社会团体总数的 20%。②

(四)资金来源

法国政府对文化活动给予支持或赞助的形式主要有三种:一是中央政府直接提供赞助、补助和奖金等。每一个从事文化活动的企业或民间协会,均可向文化部直接申请财政支持。二是来自地方财政支持。法国的大区、省、市、镇政府都有支持文化事业发展的财政预算。三是政府通过减税等规章鼓励企业为文化发展提供各类帮助。有关企业可享受 3% 左右的税收优惠。③ 1978 年度国家对文化事业的投资占总投入的 51.5%,市镇投资占 42.2%,到 1993 年,这一比例反了过来,各地方行政机构的投资占公共投资的 50.3%,而国家的投资只占 49.7%。④地区的资助比例逐渐提高。

---

①　金冠军、尚月:《国外文化管理体制与经营方式初探》,载《上海大学学报(社科版)》1989 年第 3 期。

②　陈鸣:《西方文化管理概论》,书海出版社 2006 年版,第 60 页。

③　何农:《法国文化产业为何兴旺》,载《光明日报》2003 年 11 月 18 日。

④　张敏:《法国当代文化政策走向》,载《社会科学报》2007 年 3 月 15 日第 7 版。

**案例一：**

法国阿维尼翁艺术节①

阿维尼翁艺术节是法国历史上最悠久的艺术节。创办于1947年,并成为在世界上最有影响的艺术节之一。该艺术节分"IN"版(官方版)和"OFF"版(非正式版)两块,举办时间为每年的7月6日至26日。艺术节预算高达1 000万欧元,预算的66%来自各级政府,票房收入占18%,其他收入占16%。艺术节没有营利目标,只要收支平衡,可以说它是公益性的艺术节。该艺术节的组织机构是一个独立的民间团体。艺术节主席首先由市长提名,董事局表决通过,最后由文化部任命,并与文化部签合同。合同中规定了艺术节的公益性、观众人次、艺术创新等目标,也授予了他相应的责任和权力。主席任期一任四年,最多两任,不是终身制。艺术节年年办,常设的工作人员只有22人,办节期间达650人。

为了保证艺术节的影响力和号召力,他们还采取了如下措施:一是实行艺术节主席和艺术总监的双重领导,艺术总监一经聘用,在艺术上则由他负责。艺术节拒绝老面孔,基本上每年都推出新人,对他们的要求主要是节目要创新。二是艺术节上许多节目是放在该市的特定环境中演出,如古城墙、古遗址、古建筑等,他们认为,这既是他们艺术节的最大特色,也是对文化遗产的一种保护和弘扬,实际效果也非常好。阿维尼翁艺术节不组织评奖,他们认为观众、媒体是最好的评委。

每年7月三个星期的办节期间,有80万观众,40万游客来

---

① 周鸿森:《法国文化管理印象》,载《中国文化报》2008年1月16日第6版。

到阿维尼翁市,产生 5 000 万欧元的收益。为了办好这个艺术节,该市在发展过程中拒绝工业项目,拒绝可能对环境造成影响的项目。阿维尼翁市把该市丰富的历史文化遗产和阿维尼翁艺术节作为该市的两条腿。阿维尼翁艺术节提高了阿维尼翁市的知名度,产生了非常好的社会效益和经济效益。

1981—1982 年间,文化预算在法国国家预算中的比例,从原来的 0.47% 增加到 0.76%。[①] 进入 21 世纪,文化经费预算超过国家总预算的 1%。2007 年文化预算支出为 61 亿欧元,占国家财政预算的 1.25%。在文化总预算中,扣除 27 亿欧元给公共媒体,余下的经费约 1/3 给地方,2/3 由中央来支配。[②]

图书出版业是法国一个重要的文化产业。2003 年法国图书营业额达 25 亿欧元,超过电影和音乐,居法国文化产业的首位。[③] 2004 年由法国文化和通讯部支持的赞助图书和阅读计划项目预算为 3.73 亿欧元,优先资助作者、出版社、独立书店以及图书馆。[④]

法国对电影拍摄进行国家资助。法国是世界电影的发源地。自 1948 年以来,法国电影业享受一个特别财政资助系统——电影工业财政支出账户,资金并不直接从国家预算中支出,而主要以税的方式从一些行业收入上征税(影院、电视、录像),然后,再返还到电影行业上来。近年来,法国电影

①　江小平:《〈法国的文化政策〉简介》,载《国外社会科学》1991 年第 6 期。
②　周鸿森:《法国文化管理印象》,载《中国文化报》2008 年 1 月 16 日第 6 版。
③　于平安:《居法国文化产业首位的法国图书出版业》,载《中国出版》2005 年第 1 期。
④　张书卿:《法国政府对出版产业及文化产业发展的作用与作为》,载《出版发行研究》2006 年第 1 期。

扶持资金总额一直保持在 4 亿至 5 亿欧元之间，2003 年达到 4.5 亿欧元。[①] 法国影视市场还借鉴金融资本市场的经验，扩大影视产业的投融资机制，作为对业内资金调配体系的补充：1985 年创建管理风险基金的影视专项投资机构（SOFICA），开始执行用减免税政策吸引私人和社会资本进入影视产业，2003 年吸引风险基金共参与 61 部本国影片的拍摄，总投资额达 3 900 万欧元。电影与文化工业融资局负责以提供贷款信用保证方式，对影视制作提供贷款融资。[②] 在政府扶持下，2008 年，法国电影业共生产影片 240 部，每名法国人平均每年走进影院 3.2 次，远远多于英国、西班牙、意大利和德国等国的平均水平。[③]

二、文化保护

(一)"文化例外"原则

法国不遗余力地主张"文化例外"原则，坚决反对把所有的文化产品纳入世界贸易组织的商业规范之下，以保护日益受到美国通俗产品侵蚀的民族文化。法国把文化领域分为两部分，其中戏剧、出版、新闻、建筑等部分作为可以参与全球化市场妥协的部分，影像事业包括电影、广播、电视、图书馆、博物馆、档案及其他相关领域等则为不可妥协的部分。

(二)"文化多样化"

1999 年，在世界贸易组织谈判中，法国又打出"文化多

① 沈中文：《法国重视发展电影产业》，载《北京观察》2005 年第 5 期。
② 罗青、[法]Andre Lange：《建立市场辅导机制下的"文化保护主义"体系——欧盟影视公共资助模式的思考》，载《现代传播》2007 年第 2 期。
③ 尚栩：《法国电影业 2008 年成果喜人，可谓全线飘红》，载《新华网》2008 年 5 月 21 日。

样性"的大旗,联合欧盟其他成员国,继续抵制美国关于文化产品和服务的自由贸易要求。法国的文化政策获得了世界上绝大多数国家的认可和支持。2005年,在法国的努力推动下,联合国教科文组织第33届大会正式通过《保护和促进文化表现形式多样性公约》。投反对票的只有美国和以色列两国。①

(三)配额制

法国政府1989年制定的"无国界电视",要求欧洲的电视台必须为欧洲的视听作品保留"绝大部分的播放时间",即"播放配额"。音像配额制度是为了保护法国的(欧洲的)视听作品制作和播放。音像作品播放配额规定40%的时间必须是播放法国作品。这一要求限制了美国电视剧的播放量,保护了本国文化和本国影视制作业。此外,法国政府还实行与私营电视台签订细则的方式,达到保护本国文化的目的。②

配额制不仅适用于视听作品,还适用于歌曲。法语歌曲以前在法国居于主导地位,但近二十年来,法语歌曲日渐惨淡。为应对此危机,法国立法机关通过1994年2月1日第94—88号法律,决定在歌曲领域开始适用配额制度。根据修改后的法律,在1996年1月1日前,法国作曲人或表演者所创作和表演的音乐作品必须有40%是使用法语。③

---

①　田珊珊:《法国的文化政策:一个基于民族文化视角的研究》,载《法国研究》2010年第2期。

②　姜红:《几经变革的法国广播电视体制》,载《电视研究》1998年第8期。

③　沈军:《现代与传统的融合发展——法国文化法律制度评析》,载《浙江学刊》2011年第1期。

(四)《杜蓬法》

为保护法语,抵制英语语言帝国主义,1994 年 8 月 4 日法国议会通过了文化部长杜蓬提出的《关于法语使用的法案》(简称《杜蓬法》)。《杜蓬法》规定禁止在公告、广告中,在电台、电视台播送节目中(外语节目除外)不使用法语,要求在法国境内出版的出版物必须有法语的概述,在法国境内举行的各种研讨会,法国人必须使用本国语言作大会发言等,对违反《杜蓬法》者将处以 5000～25000 法郎的罚款。①

(五)文化遗产保护

法国政府历来重视对文化遗产的保护,在国家五年计划中,文化遗产保护始终列在文化发展问题的首位。1984 年以来,每年都举办"国家遗产日"活动,利用秋季的一个周末,向所有公众免费开放政府机关、名胜古迹和博物馆等,以增强国民对遗产的保护意识。

第四节　日本文化管理体制和管理方式

日本政府主要是通过促进相关立法,制定政策、法规以及通过其他方式对文化发展加以引导或为文化发展创造条件。

一、文化法律法规

日本政府重视通过完善法律法规为文化发展保驾护航。一是法律法规完备。其中最具代表性的法律是 1970 年颁布的《著作权法》。该法经过二十多次修改,于 2001 年更名为《著作

---

① 孙萍:《文化管理学》,中国人民大学出版社 2011 年版,第 346 页。

权管理法》并开始实施。2000 年颁布了《形成高度信息通讯网络社会基本法》(统称《IT 基本法》)。2001 年实施《振兴文化艺术基本法》,提出十年内把日本建成世界第一知识产权国。2002 年颁布《知识产权基本法》。二是配套措施及时跟进,可操作性强。在法律法规颁布后,往往有更为具体的措施相配套。如:同《文化艺术振兴基本法》相配套的就有《关于文化艺术振兴的基本方针》,同《知识产权基本法》相配套的是《知识产权战略大纲》。三是根据法律组建相应组织机构。日本根据《信息技术基本法》成立了"知识财富战略本部"。

对振兴地区和地方文化,日本政府有明确的规定。如,政府应支援地区文化活动,包括重新挖掘、振兴具有地方特色的文化遗产、民间艺术、传统工艺和祭祀活动等;制定长期规划,对具有地方特色的文化艺术提供综合援助;中央政府与地方政府联手举办全国规模的文化节。①

在文化遗产保护方面,日本以《文化财产保护法》为核心,构成了完整的旨在保护文化遗产和促进文化遗产传承的法制体系。法律明确规范了所有与文化遗产有关的当事各方,包括政府、地方公共团体、文化遗产的所有者及管理者、普通国民的权利、责任和义务,形成了文化遗产保护的"举国体制"。②

 案例二:

日本非物质文化遗产保护的特色和经验③

日本自明治时期建立文物保护制度以来,经过多次修改和

---

① 《日本的文化产业政策及运作》,载《青年记者》2006 年第 5 期。
② 周星、周超:《日本文化遗产保护的举国体制》,载《文化遗产》2008 年第 1 期。
③ 摘编自古成:《日本非物质文化遗产保护的特色和经验》,载《中国文化报》2008 年 3 月12 日。

完善,逐步形成了国家、地方公共团体、所有者和国民共同保护文化遗产的格局。各方力量对于文化遗产的保护认识清晰,责任明确。1950年日本政府颁布了《文化财产保护法》,其中首次以法律的形式规定了无形文化遗产的范畴。

日本在文化财产保护法实施过程中,强调保护传统文化"持有者"的重要性,注重对"人"的关注。日本《文化财产保护法》对传统文化持有者的认定对象主要包括个别认定、综合认定和保护团体认定三种形式:个别认定指对于某个技艺传承者个人资格的认定,综合认定指对那些具有多重文化事项的民俗活动的认定,保护团体指对那些由一个以上文化财产持有者的集团的认定。

其中,最有特色的是"人间国宝"的认定。在《文化财产保护法》中,并不存在"人间国宝"一词,"人间国宝"是媒体宣传采用的大众化语言。法律认定保护对象的正式名称是"技能保持者"。"人间国宝"是指被个别认定的重要无形文化财产的保持者,他们都是在工艺技术上或表演艺术上有"绝技"、"绝艺"、"绝活儿"的老艺人,其精湛技艺受到日本政府的正式肯定,被列为传承保护的对象,成为各相关方面的名人、名手。一旦被认定,国家就会拨出可观的专项资金,录制"人间国宝"的艺术资料,保存其作品,资助其传习技艺、培养传人,改善其生活和从艺条件。日本文化厅统计,迄今艺能方面的"人间国宝"有57名,工艺技术方面有57名,共计114名。据了解,日本文化厅年度预算超过1 000亿日元,其中10%被用来保护国内重要有形文化财产和重要无形文化财产。而每年为每位"人间国宝"提供的经济补助为200万日元。日本政府不但对"人间国宝"在经济上给予必要的补助,在税收等制度上也给予优惠,还给他们相当高的社会地位,以激励他们在工艺方面的创新和技艺方面的提高。由于"人间国宝"的作品有保留和升值价值,购买他们的作品就像购买古董,收藏价值非常高。这种尊崇和保护制度,使得日本传统的手工纸、手工伞、漆器、雕刻、陶瓷、织锦、和服、净琉璃等各种古老手工艺得以流传,并保留至今。

此外,法律还明确规定,文化财产持有者同时也应该是文化财产的传承人。如果文化财产的持有者将自己的技艺密不传人,那么,无论他的技术有多高,都不会被政府指定为"人间国宝"或"重要无形文化财产的持有人"。这些措施对无形文化财产的保护起到了良好的促进作用。

在保护文化财产过程中,除国家给予必要的物质奖励和精神奖励外,国家还十分强调各级地方政府、民间组织甚至个人的参与,并明确规定各方的权利与义务。比如,日本建立了从县市到乡村覆盖全国的保护重要无形文化财产的专业协会,凝聚了千万民俗文化艺术的传人从事传承活动,对于这种无形民俗文化财产的传承工作,除国家给予必要的资助外,社会团体、地方政府也都给予一定程度的赞助。

日本还强调对文化遗产的活用,对文化财产不仅停留在简单的保护,还要求充分发挥出文化财产的作用。比如,日本人十分珍视传统的手工业,在国内外不断举办工艺大展,最大限度地发挥这些文化财产的认知作用和教育作用,使人们通过文化财产的活用,了解日本的历史和文化。

二、文化行政管理体系

日本政府部门中,经产省和文部省都具有文化的管理职能。经产省是从经济的角度管理文化产业,也称文化内容产业,其情报、信息、政策局专设文化产业政策关联课,负责制定相关规划和政策,并组织调研课题,研究文化消费和市场规模。2000年以前,文部省只负责公益文化的管理。2000年以后,文部省也开始关注、研究文化产业的发展情况,并建立了文化产业年度统计制度。

三、财政、金融政策

财政政策。一是政府从财政上对文化艺术活动提供大力支持。如对民间艺术团体的艺术人员培养,文艺活动的举办,歌剧、芭蕾舞和电影等方面的专业人才培养的资金支援,优秀作品创作及发行资助,文化设施改建和扩建的财政支持等。2002年日本文化厅的预算985亿日元,占日本整个财政年度的0.12%。[①] 其主要用途是:创设"文化艺术创造计划",重点支持培养和创作歌剧、芭蕾舞、电影等方面的人才和优秀作品,以及支援儿童体验文化艺术等活动,推进国际文化交流等。

二是通过文化登记制度、税收减免制度等措施,鼓励企业对文化活动的投入。

三是由政府和民间共同出资设立振兴文化艺术基金,用于支援各种文化活动。1990年,由政府出资541亿日元,民间出资112亿日元,成立了振兴文化艺术基金。同年,还由企业联合设立了以支持文化艺术为目的的企业赞助文化艺术协议会。其活动内容主要是宣传、普及企业支持文化艺术的意识,提供信息、中介服务,组织调查研究、表彰、国际交流活动以及有关

---

① 转引自方彦富:《国内外文化产业管理若干模式探究》,载《亚太经济》2009年第6期。

赞助的认定等。该协议会的活动经费由会员企业缴纳的会费等提供。①

金融政策。一是建立文化产品开发的投资联盟体系,由社会各方共同投资。二是发展风险投资,有效地控制风险并分享收益。三是支持文化企业的证券和债券发行,在为企业提供多渠道资金来源的同时,改善企业的治理结构。

四、行业协会组织

日本的文化行业协会组织发育充分,在文化发展中的行业自律和中介作用突出。日本文化产品的审查,不是由政府直接负责,而是由行业协会把关。日本的行业协会具有社团法人地位,几乎文化行业的每个领域都通过行业协会发挥组织管理作用,制定行业规则,进行行业统计,审查文化产品以及维护会员企业权益等。如,日本计算机娱乐软件协会成立于 1994 年,除了对行业的发展开展调研,进行行业统计等工作,2002 年该协会对电脑游戏软件产品实行分级制度,并对行业内企业开发的软件产品内容进行审查。② 又如,2002 年 5 月,由日本经济产业省作为后援组织了"日本动画制作者联盟",在获得法人资格后,正式更名为"日本动画协会",有 27 家公司加盟。这个组织逐渐成为推动日本动漫产业发展的重要力量并将推广日本的"酷文化"作为其中心任务。

思考题:

1. 目前国外文化管理模式主要有哪些?

---

① 李海霞:《日本文化产业的主要特点探析》,载《天府新论》2010 年第 6 期。
② 李海霞:《日本文化产业的主要特点探析》,载《天府新论》2010 年第 6 期。

2. 美国、法国、日本文化管理的特点。

3. 分析世界文化管理的发展趋势。

参考文献

[1] 孙萍. 文化管理学[M]. 北京:中国人民大学出版社,2006.

[2] 蒋积伟. 建国以来中共文化政策述评(1949—1976)〔J〕. 党史研究与教学,2007,(1).

[3] 向冬梅,邓显超. 改革开放三十年中国文化发展战略思想的演进〔J〕. 探索,2009,(1).

[4] 解学芳. 文化体制改革的困境溯源〔J〕. 理论与改革,2008,(2).

[5] 叶光林. 深化文化管理体制改革推进文化产业健康发展[J]. 学习论坛,2003,(7).

[6] 胡惠林. 关于我国文化产业发展战略研究的思考[J]. 东岳论丛,2009,(2).

[7] 蒯大申. 新中国文化管理体制形成的思想理论根源[J]. 毛泽东邓小平理论研究,2010,(2).

[8] 郑元凯. 我国文化产业的发展现状与战略对策[J]. 经济与社会发展,2007,(2).

[9] 张庆盈. 关于我国文化产业立法建设的几点思考[J]. 社会科学期刊,2008,(5).

[10] 谢鲁. 加强文化立法推动文化大发展大繁荣[J]. 社会文化,2008,(6).

[11] 郭玉兰. 建立健全文化产业的法律体系[J]·理论探索,2004,(5).

[12] 蔡炳福. 新形势下我国文化产业发展的相关立法思考[J]. 金卡工程(经济与法),2009,(03).

[13] 廖晓明. 行政管理通论[M]. 北京:中国人事出版社,2002.

[14] 胡锦涛在庆祝中国共产党成立 90 周年大会上的讲话[N]. 新华社,

2011 - 7 - 1.

[15] 中共中央关于深化文化体制改革、推动社会主义文化大发展大繁荣若干重大问题的决定[M]. 北京:人民出版社,2011.

[16] 李长春. 正确认识处理文化建设中的若干重大关系[J]. 求是,2010,(12).

[17] 云杉. 文化自觉 文化自信 文化自强——对繁荣发展中国特色社会主义文化的思考[J]. 红旗文稿,2010,15.

[18] 党的十七大报告辅导读本[M]. 北京:人民出版社,2007.

[19] 我国国民经济和社会发展十二五规划纲要[N]. 人民日报,2011 - 3 - 17.

[20] 蔡武. 继续大力推动社会主义文化大发展大繁荣[J]. 求是,2011,17.

[21] 孙志军. 2012 年以前基本完成文化体制改革任务[N]. 中国新闻网,2010 - 8 - 19.

[22] 孙志军. 文化体制改革经历了三个发展阶段[N]. 人民网,2010 - 8 - 19.

[23] 刘德忠、齐才. 文化管理学[M]. 哈尔滨:黑龙江人民出版社,2006.

[24] 金冠军、郭常用. 市场经济与文化管理[M]. 上海市:学林出版社,1996.

[25] 李贵鲜. 改革行政概论[M]. 北京:人民出版社.2002.

[26] 陈鸣. 西方文化管理概论[M]. 北京:书海出版社,2006.

[27] 全国干部培训教材编审指导委员会. 公共行政概论[M]. 北京:人民出版社,2002.

[28] 国家"十二五"时期文化改革发展规划纲要[N]. 人民日报,2012 - 3 - 16.

[29] 蒯大申、饶先来. 新中国文化管理体制研究[M]. 上海:上海人民出版社,2010.

[30] 曹泳鑫、赵平之. 中国共产党的文化历程[M]. 上海:上海人民出版社,2005.

[31] 费正清、罗德里克·麦克法夸尔. 剑桥中华人民共和国史(1949—1965)[M]. 上海:上海人民出版社,1990.

[32] 李向民. 中国文化产业史[M]. 长沙:湖南文艺出版社,2006.

[33] 祁述裕. 中国文化产业发展战略研究[M]. 北京:社会科学文献出版社,2008.

［34］欧阳坚．文化产业政策与文化产业发展研究［M］．第 1 版．北京：中国经济出版社,2011.

［35］陈少峰、张立波．文化产业商业模式［M］．第 1 版．北京：北京大学出版社,2011.

［36］祁述裕．中国文化产业发展前沿——"十二五"展望［M］．第 1 版,北京：社会科学文献出版社,2011.

［37］我国文化市场发展和管理体系日渐完善［DB/OL］.http://www.cent.gov.cn/xxfh/xwzx/whxw/201110/t 20111010-131691.html.

［38］李向民等．文化产业管理概论［M］.太原：书海出版社、山西人民出版社,2006.

［39］赵晶媛．文化产业与管理［M］.北京：清华大学出版社,2010.31.

后　记

　　《文化管理概论》是一本介绍我国文化管理基本情况的教材,是为适应公务员了解政府文化管理职责而编写的。本教材包括文化管理概述、文化管理的实现途径、文化事业管理、文化产业管理、国际文化交流、我国文化体制改革等专题。通过上述内容介绍,研究文化管理的特点、领域、要求等,为公务员了解政府文化管理的职能、把握文化管理规律、提高文化管理能力提供参考。

　　国家行政学院社会和文化教研部副主任祁述裕教授担任本教材主编,负责全书的统稿工作。本教材共分六章,另有两篇附录,每章和附录撰稿人分别是:

　　第一章　文化管理概述(祁述裕　王萌)

　　第二章　文化管理的实现途径(桑子懿)

　　第三章　文化事业管理(李荣菊、池志勇)

　　第四章　文化产业管理(李荣菊、侯妍妍)

　　第五章　国际文化交流(高宏存)

　　第六章　我国文化体制改革(胡敏　马冀)

　　附录一:中国历代文化管理(王晓文)

　　附录二:国外文化管理(王乃华)

　　本教材编写人员对编写体例、主要内容等进行多次反复的研究,成稿后又多次修改。但给公务员编写文化管理教材,在国家行政学院还是第一次。编写组这方面经验不足,本教材在体例、内容和表述上难免有疏漏。不当之处,敬请批评,容再版时修正。

2012 年 12 月